Office バージョンフリー

事例で学ぶ
コンピュータリテラシー

〔 新訂版 〕

菊地 紀子
［著］

学文社

はじめに

　本書では，一般的な使い方はもちろんですが，学校・幼稚園・保育園での事例を多く取り入れ，保育者や養護教諭，栄養士といった専門職の人が，コンピュータを効率よく使い，本来業務に専念できるように，少しでも役立てられたらと考えました。

　「読み書きそろばん」という言葉がありますが，これは学ぶことの基礎であり，コンピュータリテラシーというのも，コンピュータを使いこなすための基礎ということです。

　基礎から学んでいただくために，コンピュータをはじめて使う人にも配慮しました。本書を読み進めるなかで，はじめての人にとっては，聞き慣れない用語も多く，そこでつまずくことも考えられるため，本書で扱うコンピュータ用語のうち，簡単に意味がわかっていないと読み進められないのでないかと考える用語については，用語索引として巻末に掲載しました。解説が専門用語でなされていると，さらにその専門用語がわからないといったことも考えられるため，なるべくわかりやすいように，平易な言葉にしてあります。

　また，はじめての人が，コンピュータを使いこなすうえで戸惑うことには，2つ考えられます。1つは目の前にあるコンピュータが，どのようなネットワークに繋がっているかということです。これは，作成したものをどこに保存するか，必要なものをどこから入手するかなどにかかわってきます。もう1つは，さまざまなものを作成するうえで必要となるプログラム（Microsoft Office）が，変更になっていくことです。

　しかし，プログラムの変更があっても基本となるところは同じなので，本書ではなるべく基本を中心に説明していきます。また，通常は，「このとおりにするとこんなものができます」というような成功する使い方を主に掲載していますが，本書では，はじめての人にはちょっとわかりづらいことを第1章「コンピュータの基本」で解説しています。

　本書の使い方としては，まず第1章「コンピュータの基本」で，コンピュータを使いこなすための基本的事項をおさえて，次に第2章「コンピュータの利用」で，コンピュータの利用形態を把握し，第3章以降で事例によるコンピュータの活用へと進められる構成になっています。もちろんすでに基本的事項を理解している場合は，個々の事例によるコンピュータの活用からでも即実践していけるようになっています。

　基本的事項を中心として，なるべく多くの事例を掲載したかったのですが，紙面の関係上足りないことも多いと思います。この内容を手はじめとして，専門的知識やさらに高度な内容は，別の書やネットワークから学ぶことをお勧めします。

　＊用語索引に掲載している用語は，初出時に**フォント**をゴシック体にしています。

2020年3月

菊地　紀子

目　次

第1章　コンピュータの基本

　コンピュータは，「ハードウェア」といわれる機械そのものと，「ソフトウェア」といわれるプログラムがあってはじめて動く道具である。この章では，コンピュータを使ううえで，基本となる事項について説明している。

1.1 ハードウェア

　ハードウェアの基本構成は，以下の1〜4の4つからなっている。この4つが独立して構成されているデスクトップ型と，本体，キーボード，ディスプレイが一体となっているノート型がある。

　1　コンピュータ本体：記憶，演算，制御機能を司る**マザーボード**等が内蔵されている
　2　**入力**装置：マウス，キーボード，イメージスキャナ等
　3　**出力**装置：ディスプレイ，プリンタ等
　4　補助記憶装置：**USB** フラッシュメモリ，メモリカード，CD-**ROM**，CD-**R**，
　　　　　　　　　CD-**RW**，DVD-ROM，DVD-R，DVD-RW，DVD-**RAM**，
　　　　　　　　　ハードディスク等

　コンピュータ本体にその他の**周辺機器**を接続するときは，コンピュータ本体に標準装備されている USB ポートを使うことが多い。その際，**ドライバー**といわれるソフトウェアが必要なこともある。補助記憶装置のうち，CD や DVD に保存するときは，書き込みソフトウェアが必要である。ハードディスクはコンピュータ本体に内蔵されていることが多い。

1.2 ソフトウェア

　ソフトウェアは，大きく分けると基本となるソフトと，**アプリケーションソフト**がある。
　基本ソフトは，Operating System つまりハードウェアを制御管理したり，アプリケーションソフトを効率よく動作させるためのプログラムで，OS と略して表現されることが多い。代表的なものとしては Windows，MacOS などがある。
　アプリケーションソフトは，さまざまな仕事を効率よくできるようにつくられたソフトウェアで，その業務に特化したものから，汎用性のあるものまである。その業務に特化したものとしては，栄養計算や給与計算，在庫管理，顧客管理などがあり，その業務を遂行するうえで最も効率的につくられている。汎用性のあるものとしては，文書作成用，表計算用，プレゼンテーション用など，多岐にわたり処理できるものである。
　ソフトウェアは，コンピュータ本体のハードディスクに**インストール**して使う。基本ソフトや各種アプリケーションソフトが，あらかじめコンピュータ本体のハードディスクにインストールされ，すぐに使えるようにしてあるものもある。

1.3 コンピュータの起動と終了

　コンピュータに電源を入れしばらくすると，ユーザー名や**パスワード**を入力する画面が

開く。ユーザー名やパスワード（入力した文字は●で表示される）を入力し，→ を**クリ
ック**する。その後，表示される画面を**デスクトップ**という。

　コンピュータの終了手順は以下のとおりである。
1．**タスクバー**上の最小化されたソフトを終了する。
2．USB フラッシュメモリを抜くときは，タスクバー右の🖳をクリックし取り出す。
3．タスクバーの<u>スタートボタン</u>をクリックし，<u>電源ボタン</u>をクリックする。
4．シャットダウンをクリックする。

コンピュータ使用時の注意
1．**起動**時は，コンピュータの電源ボタンを押して，ユーザー名やパスワードを入力する画
　　面が表示されるまで，また，終了時は，画面が消えて，自動的に電源が切れるまで，キ
　　ーボードやマウスに触らない。
2．画面上に砂時計 ⌛ が出ているときは，キーボードやマウスに触らない。
3．削除するときは，原則として Delete キーを使う。
4．パスワードは，他の人に知られないようにする。
5．パスワードは，半角英数字 8 文字程度とし，英字の大文字小文字は区別される。

1.4 マウスとウィンドウ操作およびコンピュータ内部の確認方法

　マウス操作は，左ボタンを 1 度押すことを**クリック**，2 度続けて押すことを**ダブルクリ
ック**，左ボタンを押したまま動かすことを**ドラッグ**といい，右ボタンを押すことを**右クリ
ック**という。また，各々の**アイコン**に**マウスポインタ**を合わせると，名称や機能などが表
示される。マウスポインタの形は，合わせるところによって変化し，機能も変わる。マウ
スの種類によっては，左右のボタンの間に，表示画面を上下に移動させるときに便利な，
ホイールといわれる回転する突起がついている。ホイールは，Ctrl キーを押したまま動か
すと，開いているソフトの編集画面の縮尺が変わる。

　ウィンドウ操作では，ウィンドウの周りにマウスポインタを合わせ，黒い左右の矢印に
変わったところでドラッグすると，ウィンドウの大きさを変えることができる。図 1-1 に
ある最小化🗕，最大化🗖，閉じる❌を使って，ウィンドウをタスクバー上に最小化し
たり，画面いっぱいに最大化したり，閉じることができる。また，ウィンドウの右や下に
スクロールバーが表示されるときは，スクロールバーをドラッグすることによって，表示
画面を上下，左右に移動させることができる。

　コンピュータ内部の確認方法は，タスクバーの<u>スタートボタン</u>をクリックし，<u>Windows
システムツール</u>のなかのエクスプローラーをクリックして行う。クリックすると図 1-1 の
ウィンドウが開く。さらに内部を確認するには，文字あるいは文字の左にある<u>アイコンを
ダブルクリック</u>する。ダブルクリックして開いた中には，**ファイル**や**フォルダ**がある。

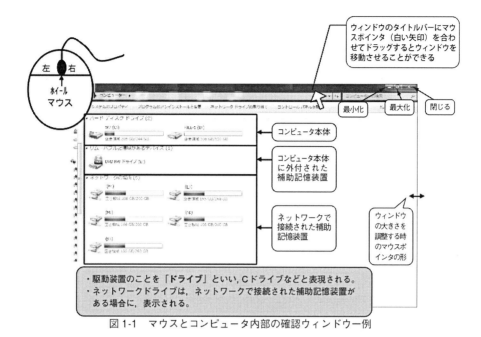

図1-1　マウスとコンピュータ内部の確認ウィンドウ一例

1.5 ファイルとフォルダ

　ファイルは，コンピュータで直接開くことができる情報の集まりである。ファイルを開くには，ファイルをダブルクリックする方法と，アプリケーションソフトを起動して開く方法がある。ファイル容量の確認方法は，ファイルやドライブの上で右クリックし，メニューから<u>プロパティ</u>をクリックすることでわかる。容量の単位は，大きい順にGB，MB，KB，Bで表される。容量の単位の関係は，1GBは，約1000MBで，1MBは，約1000KB，1KBは，約1000Bである。ファイルには，**拡張子**といわれるそのファイルを識別するアルファベットがあり，ファイル名の後ろにピリオドに続いてつけられる。ファイル名は任意につけることができるが，拡張子はコンピュータにより自動的につけられる。拡張子を削除するとファイルが開かなくなる。拡張子の違いは，互換性のある保存形式で保存し，拡張子を変える必要がある。拡張子の違いおよび互換性のある保存形式を表1-1に示した。**インターネット**につながっているコンピュータであれば，マイクロソフト社が提供するWord／Excel／PowerPoint用Microsoft Office互換機能パックをダウンロードすることで可能となる。

表1-1　Officeの拡張子の違いおよび互換性のある保存形式

ファイル	2003	2007以降	互換性のある保存形式
Word	.doc	.docx	Word97-2003文書
Excel	.xls	.xlsx	Excel97-2003ブック
PowerPoint	.ppt	.pptx	PowerPoint97-2003プレゼンテーション

　フォルダは，ファイルを分類整理するための入れ物である。フォルダの作成方法は，右クリックし，出てきたメニューの<u>新規作成</u>にマウスポインタを合わせ，さらに出てきたメニューの<u>フォルダ</u>をクリックする。フォルダにつける名前は青い帯に白い文字のときは上書きできるため，消す必要はなく，そのままキーボードから入力する。<u>フォルダ名の変更</u>は，フォルダを右クリックすると出てくるメニューから名前の変更をクリックする。

　ファイルやフォルダを別の場所に保存するには，図1-1のウィンドウをもう1つ開き，必要なドライブを開いて，ファイルやフォルダをドラッグする。同じファイル名やフォルダ名でなければ上書きされることはないが，ファイルやフォルダをドラッグし，別のフォルダの上で指を離すと中に入ってしまうため，指を離すタイミングに気をつける。

1.6　各種アプリケーションソフトの起動と終了

　起動は，タスクバーの<u>スタートボタン</u>をクリックし，<u>一覧表示</u>から選択するかデスクトップ上のショートカットアイコンをダブルクリックする。

　終了は，<u>閉じる</u>⊠をクリックし，保存形式を選ぶ。閉じる⊠には，ファイルを閉じる⊠とソフトを閉じる⊠があるため，必要に応じて使い分ける。

1.7　タイピング

　コンピュータに命令を与える手段として，入力装置であるマウスとキーボードの操作は，欠かすことができないものである。そのなかで，キーボードからの文字入力が少しでも速くできるようになることは，コンピュータを使いこなすうえで大変重要なことである。そのためには，キーボードを見なくても文字入力ができるようになることである。それをタッチタイピングという。その方法としては，まず，ホームポジションといわれる位置に，左右の親指以外の指を置く。「F」と「J」のキーには印があるので，そこに左右の人差し指を置き，そこから順に残りの指を置いていく。このホームポジションを基点として，図1-2のとおり決められたキーを決められた指で押すことを繰り返し，距離と方角から，指にキーの位置を覚えさせる。

図1-2　ホームポジションおよび各キーと指の関係

1. 8　主なキーの役割

　文字キー以外の主なキーの役割を表 1-2 に示した。そのなかでも特殊な使い方をする
キーとして，Shift，Ctrl，Alt キーがある。これらのキーは，単独では何もしない。この
キーを押したまま指を離さずに，他のキーを押したり，マウスを操作することによって，
さまざまなことができる

表 1-2　キーの表示（名称）と役割および注意

キーの表示（名称）	役割および注意
Space（スペース）	空白入力，文字変換 ※文字位置を動かすときや文字等を削除するときに使うと，編集時にずれることがある。また，Excel ではスペースのために，計算式がエラーになることがある。したがって，文字位置を動かすときは，中央揃えや右揃えなどの編集機能を使う。文字等を削除するときは，Delete キーを使う。
Enter（エンター）	改行，入力文字の確定 ※入力した文字の下に点線や実線がついている間は確定していない，確定した後でドラッグしスペースで再変換できる ※改行マーク↵までドラッグするか，しないかで，コピーや書式設定をしたときに，その後の状態が変わる。たとえば表は，表の外にある改行マーク↵までドラッグすると，表全体を中央揃えする。表の外にある改行マーク↵をドラッグしないと，表内の文字を中央揃えする。
Delete（デリート）	**カーソル**の右の文字削除，ドラッグした範囲の削除
Backspace（バックスペース）	カーソルの左の文字削除 ※表の中で使うと，**インデント**が動き途中から改行されることになる。インデントを元に戻すには，水平ルーラー上のインデントマーカーをドラッグする。
Insert（インサート）	**挿入**と上書きを切り替える
Esc（エスケープ）	機能選択，操作命令などの解除
半角／全角漢字	日本語入力 ON・OFF 切替 言語バー「あ」と「A」の切替と同じ役割
Shift（シフト）	1 つのキーに 3 つ以上文字や記号が割り当てられているとき，上の文字や記号を入力する
CapsLock（キャプスロック）	Shift を押したまま 1 度押すと，常に英字の大文字を入力，同じ操作をもう 1 度すると小文字に戻る
NumLock（ナムロック）	**テンキー**を使えるようにする
Tab（タブ）	カーソル移動 ex. 表のセルの単位
←↑↓→（カーソル移動キー）	カーソル移動
Ctrl（コントロール）	たとえば Ctrl ＋ C はコピー，Ctrl ＋ V はペースト（貼り付け）である
Alt（オルト）	Alt ＋ドラッグでインデントや画像や罫線の微調整ができる

6

1.9 文字入力

文字入力には，日本語入力のためのソフトウェアが必要である。主なものにマイクロソフト社のMS-IMEやジャストシステム社のATOKなどがある。MS-IMEがインストールされていると，図1-3のような言語バーが表示される。

図1-3　MS-IME 言語バー

日本語の入力方法には，キーボードのアルファベットからローマ字にする方法と，ひらがなを直接入力する方法がある。

文字は，カーソルのある所に挿入される。カーソルのある所でEnterキーを押すと行を変えることができる。常にカーソル位置の確認が必要である。

文字の訂正は，訂正したい文字をドラッグして上書きする。漢字の変換ミスは，ドラッグしてスペースキーを押し，そのまま押していくか，正しい漢字をクリックするか，正しい漢字の数字キーを押す。

文章の入力では，そのまま続けて入力していくと，自動的に変換してくれる機能がある。

ただし，確実に正しい漢字に変換するためには，文節といわれる「ね」で区切れる単位で，漢字に変換することを勧める。文節単位で変換すると，漢字と助詞を一緒に確定できる。

> 文節の区切り例：今日の 天気は 晴れです
> ね　　　ね　　　　ね

文字を入力すると文字の下には点線が表示され，変換すると変換対象となっているところは太線になる。変換対象の移動および文節の区切り変更の仕方の違いを表1-3に示した。

表1-3　日本語入力ソフトの違いによるカーソル移動キー（矢印キー）の使い方

日本語入力ソフト	変換対象を移動するとき	文節の区切りを変更するとき
MS-IME ： ex.Word	← →	Shift+ ← →
ATOK ： ex.一太郎	↓	← →

1.10 Word，Excel，PowerPoint 共通の主な機能

例として，Wordの画面構成を表1-4に示すが，Excel，PowerPointも基本的に同じである。

Word，Excel，PowerPoint共通の主な機能を表1-5に示した。操作の仕方は，「タブ」に表示してある機能は，〔　〕で表し，「タブ」をクリックして表示される機能は，＜　＞で表す。その先の機能は，－でつないでいる。また，機能選択の仕方は，クリックしないと表示されない場合と，マウスポインタを合わせただけで表示される場合がある。アイコンにマウスポインタを合わせると機能が表示される。

表 1-4　Word の画面構成

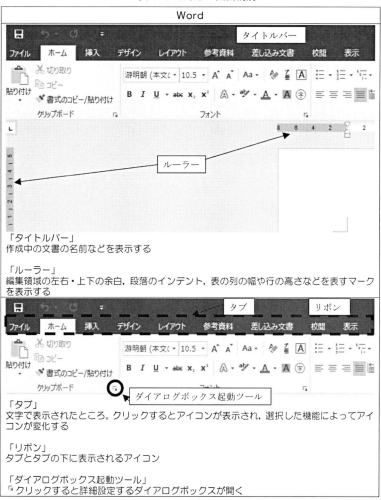

「タイトルバー」
作成中の文書の名前などを表示する

「ルーラー」
編集領域の左右・上下の余白，段落のインデント，表の列の幅や行の高さなどを表すマークを表示する

「タブ」
文字で表示されたところ。クリックするとアイコンが表示され，選択した機能によってアイコンが変化する

「リボン」
タブとタブの下に表示されるアイコン

「ダイアログボックス起動ツール」
クリックすると詳細設定するダイアログボックスが開く

表 1-5　Word，Excel，PowerPoint の主な機能

機能（機能の説明および注意）	操　作
名前をつけて保存	〔ファイル〕＜名前をつけて保存＞保存先を選択し，「ファイル名」を入力して保存をクリック
ページ設定(余白，印刷の向き，サイズなど)	〔レイアウト〕〔ページレイアウト〕
印刷プレビュー(印刷前の確認)	〔ファイル〕＜印刷＞
印刷	〔ファイル〕＜印刷＞
新規作成	〔ファイル〕＜新規＞
コピー/貼り付け	〔ホーム〕〈コピー〉 〔ホーム〕〈貼り付け〉
ヘッダー・フッター (ヘッダーは紙の上の部分に，フッターは紙の下の部分に，複数頁にわたって，共通の事柄を表示する時に入力する，閉じるをクリックしないと元に戻らない)	〔挿入〕＜ヘッダー＞＜フッター＞＜ヘッダーとフッター＞
文字の配置	〔ホーム〕＜中央揃え＞＜右揃え＞
元に戻す	〔クイックアクセスツールバー〕＜元に戻す＞

1.11 画像に関する Word，Excel，PowerPoint の共通事項および注意事項

画像に関する各アプリケーションソフトの共通事項および注意事項を表1-6, 7に示した。

表1-6　画像に関する共通事項

画像の種類など	操作および注意事項
ワードアート	〔挿入〕〈ワードアート〉選択　文字を入力 ※形状の変更はワードアートスタイル文字の効果で行う。 大きさの変更はフォントサイズで行う。 文字の効果で変形すると大きさを調整できるが，小さくすると文字が欠けることがある。
クリップアート	挿入方法はEMFボタンを押し，開くを選択し，開いたファイルをダブルクリックするとペイント上に開く。 名前を付けて保存でgif画像かBMP画像でドキュメントかピクチャに保存する。
図・画像	〔挿入〕〈画像〉 「フォルダ」を選び，画像を〈挿入〉
図　形	〔挿入〕〈図形〉図形を選択 ※色なし枠線だけの固形を挿入する場合 図形を挿入した後，書式タブの図形のスタイルの図形の塗りつぶしで塗りつぶしなしを選択。 右クリックし規定の図形に設定。
ワードアート，クリップアート，画像，図形と文字の配置の関係	挿入したものをクリックし，〔書式〕〈文字列の折り返し〉種類を選ぶ
ページ罫線など	〔ページレイアウト〕〔デザイン〕タブで設定するもの 段組み，透かし，ページ罫線など

表1-7　画像に関する注意事項

画像の種類など	注意事項
図　形	図形を選択するとマウスポインタの形は＋になり，画面上を左から右にドラッグするとその形が表示される。図形の形によっては，黄色の○をドラッグすることで，形を変えたり，向きを変えることができる。図形の枠線にマウスポインタを合わせドラッグすると移動し，右クリックすると書式設定やテキストの追加，順序などのメニューが表示される。図形の中でカーソルが点滅しているときは入力状態のため，右クリックしても別メニューになる。
テキストボックス	**テキストボックス**は，WordやExcelは枠線がある状態で挿入されるが，PowerPointは枠線がない状態で挿入される。また，テキストボックスや図形には白い色がついている。入力する順番によって下のものが見えなくなるため，順序の変更が必要となる。
画　像	画像はカーソル位置に挿入される。図形，テキストボックスや表の中に挿入されると，レイアウトを変えられないことがある。図形，テキストボックスや表の外をクリックして挿入する。レイアウトが行内になっているとその行の中の移動しかできないため，適宜その他のレイアウトを選ぶ。

第2章 コンピュータの利用

　コンピュータの利用形態はさまざまであり，すべてを紹介できないが，主な利用形態として「ビジネス」「学校，幼稚園・保育園」を中心に概要を紹介している。

2.1 ビジネス

　文書作成用ソフトは，ビジネス文書やポスター，リーフレット，レポートなど，文字を中心とした書類の作成時に利用される。

　表計算用ソフトは，各々の業種によりさまざまであるが，表形式の書類や計算を伴う書類の作成時，およびグラフ作成などに利用される。たとえば，見積書，納品書，請求書，領収書，在庫管理，顧客管理，支店別売上高グラフ，商品別在庫状況グラフなどがあげられる。

　プレゼンテーション用ソフトは，商品などの紹介，企画，提案，説明，報告時などに利用される。

ビジネス文書例

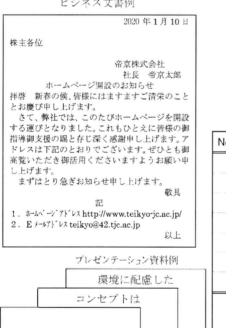

プレゼンテーション資料例

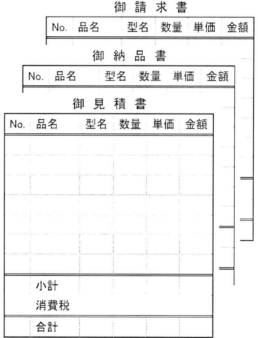

表形式の書類例

文書作成用，表計算用，プレゼンテーション用ソフトは，各々その利用形態にとって一番使いやすいようにつくられている。各々機能としての得意分野はあるが，それしかできないということではない。利用形態に応じて使い分けることが必要である。

2.2 学校，幼稚園・保育園

　文書作成用ソフトは，保護者宛文書や公の提出書類の送り状などを作成するときに利用される。そのほか，学級通信や保健だより，給食だより，各種行事のプログラムなどの作成時に利用される。

　表計算用ソフトは，成績管理や健康管理など表形式で作成すると管理しやすい書類の作成や，備品管理や食材管理など計算を伴う書類の作成時およびグラフ作成などに利用される。

　プレゼンテーション用ソフトは，教材提示や保健指導，各種行事の説明などに利用される。

保護者宛文書例

2020年5月1日

養護・保健コース
　保護者 各位

帝京短期大学
キャリアサポートセンター長
教員採用試験受験対策のご案内

拝啓　新緑の候、ますますご健勝のこととお喜び申し上げます。

　さて、本学では来年度に教員採用試験を受験する方を対象に、受験対策では有名な講師をお招きし教員採用試験対策講座を三週にわたって開催いたします。

　つきましては、下記内容をご検討いただきますようお願い申し上げます。

敬具

記

1. 開催期間　8日6日〜26日9:00〜18:00
2. 会　　場　帝京短期大学
3. 参 加 費　10,000円
4. 定　　員　30名
5. 申込方法　別紙を参照してください。
6. 内　　容

期日	内容	講師
6日〜	一般教養科目	佐藤　義男
13日〜	専門教育科目	鈴木　あきよ
20日〜	総合全般	山田　陽子

以上

給食だより例

給食だより

仮小蕊第1号
4月7日号

　いよいよ給食がはじまります。給食は、みなさんの成長に必要な栄養がきちんとバランスよく取れるように作られています。好き嫌いなくたくさん食べて、元気にすごしましょう。

一週間の献立表

月	日	曜日	パンなど	おかず1 おかず2	飲み物 デザート
4	14	月	ロールパン	エビフライ サラダ	牛乳 みかん
	15	火	ご飯	肉じゃが たまご焼き	牛乳
	16	水	やきそば	ぎょうざ もやし炒め	牛乳 プリン
	17	木	炊き込みご飯	さばのみそ煮 ひじきとちくわの煮付け	コーヒー 牛乳
	18	金	コッペパン	ハンバーグ ポテトサラダ	牛乳 ヨーグルト

保護者の皆様へ
　4月14日から給食が始まります。お子様の食物アレルギー等により、給食に注意が必要な場合や、栄養士へのご質問がおありの場合には、担任までご連絡をお願いいたします。

グラフ例

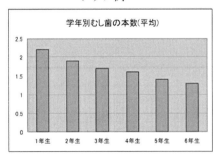

学年別むし歯の本数(平均)

プレゼンテーション資料例

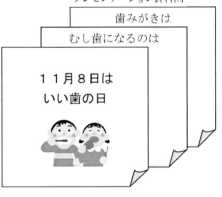

歯みがきは

むし歯になるのは

１１月８日は
いい歯の日

第3章 文書作成用ソフトの活用

　文書作成用ソフトの活用として，学校や幼稚園・保育園などでも多く利用されている「Word」を中心に説明している。

　事例作成にあたっての説明は，以下に示す前提条件にもとづいている。また，事例ごとに新たに必要となる機能を中心として説明した。操作の仕方は，「タブ」は，〔　〕で表し，「タブ」をクリックして表示される機能は，〈　〉で表す。その先の機能は，— でつないでいる。また，機能選択の仕方は，クリックしないと表示されない場合と，マウスポインタを合わせただけで表示される場合がある。

編集記号の表示／非表示
ここをクリックし，色がつくと改行マークやスペースが表示される。ホームタブにある

Word

　「タブ」をクリックし，表示されるアイコンはすべてではなく，グループ化された機能の右下に⤢があれば，クリックすることによって関連のウィンドウが開く。また，表や図，図形などを挿入すると，通常は表示されていない「タブ」が〔表示〕タブの右に表示される。この「タブ」は表や図，図形以外をクリックすると，消えてしまうため，表示させるにはもう1度表や図，図形をクリックする。

　ビジネス社会での通信手段には，電話，メール，文書がある。
　電話は，相手が電話に出ることができれば，すぐに話ができるため，解決することも多い。しかし話した内容はあとに残らない。
　メールは，送信者と受信者双方に同じものが残る。相手が不在でも，あとから読むことができる。しかし，いつ読むかは相手次第のため，急ぎのときには電話と併用することなどが必要となる。また，ネットワークの関係などから，確実に届いているという保証はない。
　文書は，電話やメールの利便性よりもむしろ，正式なことのやり取りに利用される。その代表的なものがビジネス文書である。

3.1 手紙文とビジネス文書の違い

　通常の手紙文は，下の例のように「本文」から始まり，「発信日付」「発信者」「受信者（宛名）」の順で構成される。「受信者（宛名）」は，縦書きの場合は紙の上，横書きの場合は紙の左に入れる。

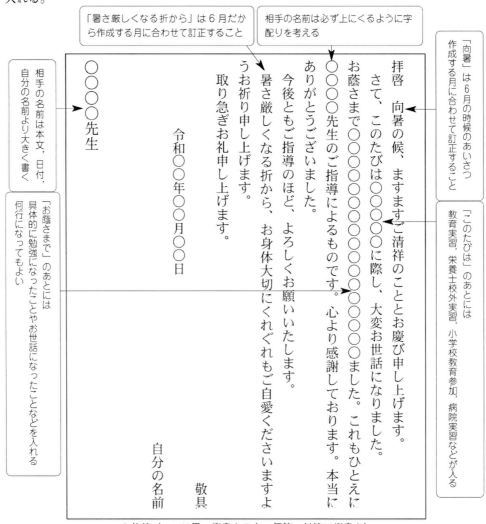

注釈（上段左）：「暑さ厳しくなる折から」は6月だから作成する月に合わせて訂正すること

注釈（上段右）：相手の名前は必ず上にくるように字配りを考える

注釈（右上）：「向暑」は6月の時候のあいさつ　作成する月に合わせて訂正すること

注釈（右下）：「このたびは」のあとには　教育実習，栄養士校外実習，小学校教育参加，病院実習などが入る

注釈（左上）：相手の名前は本文，日付，自分の名前より大きく書く

注釈（左下）：「お蔭さまで」のあとには　具体的に勉強になったことやお世話になったことなどを入れる　何行になってもよい

本文（縦書き）：
拝啓　向暑の候、ますますご清祥のこととお慶び申し上げます。

　さて、このたびは○○○○に際し、大変お世話になりました。お蔭さまで○○○○○○○○○○○○○○○ました。これもひとえに○○○○先生のご指導によるものです。心より感謝しております。本当にありがとうございました。

　今後ともご指導のほど、よろしくお願いいたします。

　暑さ厳しくなる折から、お身体大切にくれぐれもご自愛くださいますようお祈り申し上げます。

　取り急ぎお礼申し上げます。

敬具

令和○○年○○月○○日

自分の名前

○○○○先生

お礼状（ペンは黒，縦書きの白い便箋・封筒に縦書き）

　手紙文とビジネス文書の大きな違いは，ビジネス文書には「**件名**」「**記書き**」「**文書番号**」があり，「本文」より前に，「発信日付」「受信者（宛名）」「発信者」が入ることである。

　ビジネス文書は，紙1枚に作成されるものである。ビジネス文書の形式に公式の決まりはないが，図3-1のように構成され，大きく分けると社内文書と社外文書がある。社内文書は自社内だけに回覧されるため，会社名，あいさつ文である前文，末文は省略される。

　ビジネス文書の構成要素のうち，受信者名（宛名）には適切な敬称をつける。その際，会社名と氏名が2行書きになっていた場合は，会社名のあとと氏名のあとにつける必要は

なく，氏名のあとにだけつける。また，先生様や各位様のように敬称を2つ重ねてつけることはない。

　頭語と結語は，決まり文句であるため，決められた組み合わせで使われる。また，頭語に続けて入れる時候のあいさつはじめや，末文に入れる時候のあいさつおわりなども季節にあわせた適切なものを入れる。一例として，表3-1，2，3に示した。

表3-1　敬称

受信者（宛名）	敬称
個人	様，先生
会社，部署，団体	御中
多数同文	各位

表3-2　頭語と結語

頭語	結語	形式	
拝啓	敬具	発信	一般的
謹啓	敬白	発信	丁寧
前略	草々	発信	前文省略
拝復	敬具	返信	一般的
追啓	敬具	再度	一般的
Dear	Sincerely	英語	一般的

表3-3　時候のあいさつ

月	あいさつはじめ	あいさつおわり	月	あいさつはじめ	あいさつおわり
1月	新春の候	寒さ厳しき折から	7月	盛夏の候	暑さ厳しき折から
2月	向春の候	寒さ厳しき折から	8月	晩夏の候	暑さ厳しき折から
3月	早春の候	季節の変わり目	9月	初秋の候	残暑厳しき折から
4月	春暖の候	季節の変わり目	10月	秋冷の候	季節の変わり目
5月	新緑の候	暑さに向かう折から	11月	晩秋の候	寒さ厳しくなる折から
6月	向暑の候	暑さ厳しくなる折から	12月	寒冷の候	寒さ厳しき折から

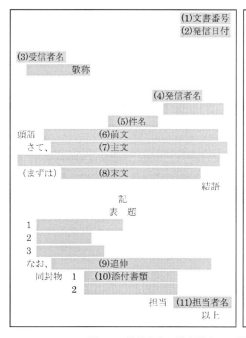
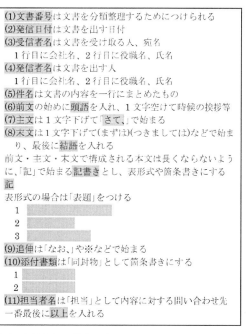

(1)文書番号は文書を分類整理するためにつけられる
(2)発信日付は文書を出す日付
(3)受信者名は文書を受け取る人、宛名
　1行目に会社名、2行目に役職名、氏名
(4)発信者名は文書を出す人
　1行目に会社名、2行目に役職名、氏名
(5)件名は文書の内容を一行にまとめたもの
(6)前文の始めに頭語を入れ、1文字空けて時候の挨拶等
(7)主文は1文字下げて「さて、」で始まる
(8)末文は1文字下げて(まずは)(つきましては)などで始まり、最後に結語を入れる
前文・主文・末文で構成される本文は長くならないように、「記」で始まる記書きとし、表形式や箇条書きにする
記
表形式の場合は「表題」をつける
　1
　2
　3
(9)追伸は「なお、」や※などで始まる
(10)添付書類は「同封物」として箇条書きにする
　1
　2
(11)担当者名は「担当」として内容に対する問い合わせ先
一番最後に以上を入れる

図3-1　社外文書の構成要素の配置（日本情報処理検定協会基準による）

3.2 ビジネス文書・保護者宛文書など

　あとに示す事例作成にあたっては，図3-1のように左ページにビジネス文書の構成要素が配置された完成例を示し，右ページに作成手順および注意事項をボックスの中で説明し，左右のページの見開きで1つの事例を作成する形式とした。

　日本情報処理検定協会基準による注意事項および作成手順を以下に示した。

　①注意事項

すべて左詰で入力してから右揃えや中央揃えする。数字もすべて全角で入力する。

文書番号は右揃えする

発信日付は右揃えして文書番号の末尾に揃える

↵

受信者名が2行のときは2行目を1字字下げする

□役職名□名字□名前□敬称の間のスペースを調整し1行目より長くする

↵

発信者名は右揃えしてから受信者名と字配りを揃える

役職名□名字□名前の後ろに右揃えしてから1文字分スペースを入れる

件名は中央揃えする

拝啓の次に1文字分スペースを入れ、行が1行の途中で改行されていない限り右端40文字目まで入力する。

□さて、の前は1文字分スペースを入れ、さての次に、を付ける。

□なお、つきましては、など段落が変わっているところでは、必ず1文字目にスペースを入れる。

敬□具

記

□1．開講時間□18：00～

□2．定□□員□各講座とも先着20名

□3．内□□容

講座名	受講費	開始日時	曜日回数
英会話初級	5，000円	10月15日より	水全10回
パソコン入門	10，000円	□9月□1日より	火全20回
フラワーアレンジ	3，000円	12月□1日より	木全□8回

表の下に入る※は表の1本目の縦線より左に出てはいけない

□4．申□込□み□葉書に住所、氏名、年令を明記の上、協会まで

以□上

【ボックス注釈】
↵は改行マークなので，Enterキーを押す。□はスペースなので，実際に入力するときは，スペースキーを押す。発信者名の後ろの□は右揃えしてから入れる。左詰のときに入れると入れたことにならない。

文字数の違う文字列の最初の文字と最後の文字を縦に見たとき，揃うようにすることを均等割り付けという

セルの網かけと文字の網かけは違う

表内の文字は左詰，金額は右詰，月日や時間，回数などは桁を揃える

均等割り付けは必要なところにだけする。2文字はスペースで調整する

敬具，以上の後ろの□は右揃えしてから入れる

表作成のポイント	表のマス目の1つひとつを「セル」と呼び，縦方向に見たマス目の集まりを「列」，横方向に見たマス目の集まりを「行」と呼ぶ。この例でいうと4列（講座名，受講費，開始日時，曜日回数），4行（講座名，英会話初級，パソコン入門，フラワーアレンジ）の表ということになる。

②作成手順

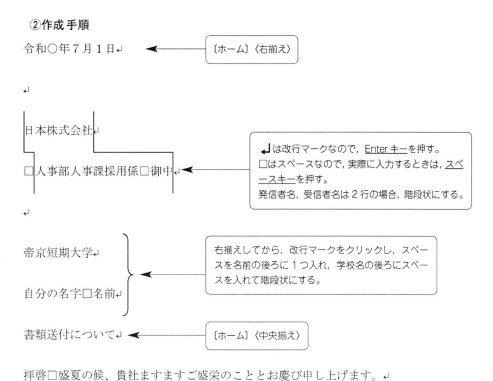

令和○年７月１日↵　　←　〔ホーム〕〈右揃え〉

↵

日本株式会社↵

□人事部人事課採用係□御中↵　←　↵は改行マークなので，Enter キーを押す。
□はスペースなので，実際に入力するときは，スペースキーを押す。
発信者名，受信者名は２行の場合，階段状にする。

↵

帝京短期大学↵

自分の名字□名前↵　←　右揃えしてから，改行マークをクリックし，スペースを名前の後ろに１つ入れ，学校名の後ろにスペースを入れて階段状にする。

書類送付について↵　←　〔ホーム〕〈中央揃え〉

拝啓□盛夏の候、貴社ますますご盛栄のこととお慶び申し上げます。↵

　さて、貴社の新入社員募集に当たり、貴社の経営理念、経営方針に深く感銘し、ぜひとも貴社の一員となって、貴社に貢献できたらと存じます。↵

　つきましては、提出書類を下記のとおり同封いたしましたので、ご査収下さいますよう、よろしくお願い申し上げます。↵

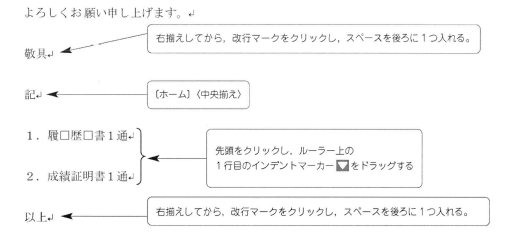

敬具↵　←　右揃えしてから，改行マークをクリックし，スペースを後ろに１つ入れる。

記↵　←　〔ホーム〕〈中央揃え〉

１．履□歴□書１通↵

２．成績証明書１通↵　←　先頭をクリックし，ルーラー上の１行目のインデントマーカー ▽ をドラッグする

以上↵　←　右揃えしてから，改行マークをクリックし，スペースを後ろに１つ入れる。

事例1　案内文書

生涯平発２１０９号

令和○年８月１０日

↵

生涯学習特別講座
　親子特別受講者　各位

↵

ＡＢＣこども保育園　　

園長　鈴木　ちづる　

後期開講講座について

拝啓　晩夏の候、ますます御健勝のこととお慶び申し上げます。平素は本園の活動に格別のご高配を賜り、厚くお礼申し上げます。

　さて、来月から開講になります後期講座のうち、生涯学習として配慮いたしました、下記講座をご案内します。受講に際し、さまざまな形で支援いたしますので、ご安心ください。

　なお、先着制となっておりますので、定員に達しました折には、受講できません。この機会にぜひご検討くださいますよう、よろしくお願い申し上げます。

敬具　

記

　１．開講時間　１４：００〜

　２．定　　員　各講座とも先着２０名

　３．内　　容

講座名	受講費	開始日時	曜日回数
英会話初級	５，０００円	１０月１９日より	水全１０回
パソコン入門	１０，０００円	９月　６日より	火全２０回
フラワーアレンジ	３，０００円	１２月　８日より	木全　８回

　　　※テキスト代、花材代は別途必要になります

　４．申　込　み　きりとりせんより切り離し、受講費とともに、本園まで

以上　

………………………………………きりとり線…………………………………

生涯学習特別講座申込書

講座名　　　　　　　　　園児氏名　　　　　　　　　保護者氏名

★作成手順および注意事項

生涯平発２１０９号↵
令和◯年８月１０日↵
↵
生涯学習特別講座↵
□親子特別受講者□各位↵
↵
ＡＢＣこども保育園↵
園長□鈴木□ちづる↵
後期開講講座について

拝啓□晩夏の候、ますます御健勝のこととお慶び申し上げます。平素は本園の活動に格別のご高配を賜り、厚くお礼申し上げます。□↵

＊表の中で Enter キーを押すと行の幅が広がる
＊行の単位で複数のセルを選択するにはマウスポインタを左余白に合わせ白矢印なったところでクリックする
＊表の中で黒矢印になったらセル単位で選択することができるが，その状態から縦線をドラッグするとそのセルだけ縦線が移動し列幅が変更される

下線を付けるには
線を付けたい文字をドラッグする
〔ホーム〕〈下線 U〉

表作成には，列と行を，マス目を使って指定する方法と数字で指定する方法の２種類がある。
〔挿入〕〈表〉クリック，列行の数だけマウスポインタを動かしクリック
※挿入－表－表の挿入では，列行を数字で指定する

…で先着順になっておりますので、定員に達しました折には、受講できません。この機会にぜひご検討くださいますよう、よろしくお願い申し上げます。↵
敬具
記
□１．開講時間□１４：００〜↵
□２．定□□員□各講座とも先着２０名↵
□３．内□□容↵

均等割り付けするには
開講時間（4字）の文字数に合わせるために，申込みをドラッグする
〔ホーム〕〈均等割リ付け〉改行マーク↵までドラッグすると1行の範囲に広がる

セルの網かけは
色をつけたいセルをクリックする
表を挿入した後表示される〔デザイン〕
〈塗りつぶし▼〉クリック色を選択

開始	
10月19日より	水全10回
□9月□6日より	火全20回
12日□8日より	木全□8回

＊テキスト代、花材代は…
□４．申込み□きりとりせんより…

きりとりせんは点線を引いてから文字を上に入れる

文字の網かけは
文字をドラッグする
〔ホーム〕〈文字の網かけ〉

きりとりせんの文字は
〔挿入〕〈図形〉－基本図形－テキストボックス＋でドラッグ文字入力
〔書式〕〈図形の枠線〉－線なし

・・・・・・きりとり線・・・・・・

きりとりせんの点線は
〔挿入〕〈図形〉－線－直線＋でドラッグ，〔書式〕〈図形の枠線〉－実線／点線－点線を選択，線をクリックし選択していないとリボンに書式は表示されない

講座名　　　　園児氏名

記入欄の線は
罫線，図形描画の直線でも引けるが，文字の後ろにスペースを入れ，
〔ホーム〕〈下線〉

事例2　お知らせ文書

特活平発２１１０号

令和〇年１０月１０日

↵

野外活動

□参加保護者□各位

↵

江戸小学校□□□□□

校長□佐藤□正太郎□

<u>秋の野外活動についてお知らせ</u>

拝啓□秋冷の候、ますます御健勝のこととお慶び申し上げます。平素は本校の活動に格別のご高配を賜り、厚くお礼申し上げます。

□さて、恒例の秋の野外活動として、今年度は下記のとおり計画しております。

□つきましては、持病、緊急連絡先等お知らせいただきたく、よろしくお願い申し上げます。当日は、養護教諭も同行し、万全の体制で行います。

□なお、当日体調不良となりました場合は、無理に参加せず自宅待機をお願いいたします。

敬具□

記

□１．日□□時□１０月３１日(月)８：００

□２．集合場所□地図のとおり

```
┌──────────────┬──────────────┬──────────────────┬──────┐
│              │              │      N           │      │
│              │              │      +           │      │
│        銀行■ │              │    駅前広場      │      │
│                             │    噴水          │  駅  │
│←小学校                      │                  │  舎  │
│ ┌──────────┐ │   ●交番     │    集合場所      │      │
│ │駅前記念公園│ │              │                  │      │
│ └──────────┘ │              │                  │      │
└──────────────┴──────────────┴──────────────────┴──────┘
```

□３．高尾山登山

以上□

---------------------------- きりとりせん ----------------------------

野外活動申告書

年□組児童氏名□□□□□□

保護者氏名□□□□□□

申告事項	内容		備考
持病	有・無		２０日までに担任まで
アレルギー	有・無		
緊急時連絡先	ＴＥＬ		

★作成手順および注意事項

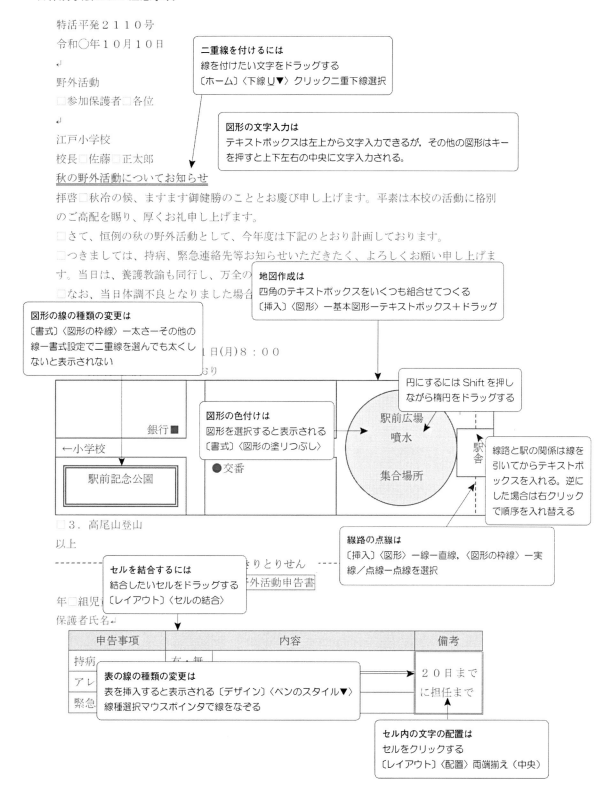

特活平発２１１０号

令和○年１０月１０日

↵

野外活動

□参加保護者□各位

↵

江戸小学校

校長□佐藤□正太郎

秋の野外活動についてお知らせ

拝啓□秋冷の候、ますます御健勝のこととお慶び申し上げます。平素は本校の活動に格別

のご高配を賜り、厚くお礼申し上げます。

□さて、恒例の秋の野外活動として、今年度は下記のとおり計画しております。

□つきましては、持病、緊急連絡先等お知らせいただきたく、よろしくお願い申し上げま

す。当日は、養護教諭も同行し、万全の

□なお、当日体調不良となりました場合

二重線を付けるには
線を付けたい文字をドラッグする
〔ホーム〕〈下線 U▼〉クリック二重下線選択

図形の文字入力は
テキストボックスは左上から文字入力できるが，その他の図形はキーを押すと上下左右の中央に文字入力される。

地図作成は
四角のテキストボックスをいくつも組合せてつくる
〔挿入〕〈図形〉－基本図形－テキストボックス＋ドラッグ

図形の線の種類の変更は
〔書式〕〈図形の枠線〉－太さ－その他の
線－書式設定で二重線を選んでも太くし
ないと表示されない

1 日(月)8：00
おり

**円にするには Shift を押し
ながら楕円をドラッグする**

銀行■

←小学校

図形の色付けは
図形を選択すると表示される
〔書式〕〈図形の塗りつぶし〉

駅前広場
噴水
集合場所

駅舎

**線路と駅の関係は線を
引いてからテキストボックスを入れる。逆にした場合は右クリックで順序を入れ替える**

駅前記念公園

●交番

□３．高尾山登山

以上

線路の点線は
〔挿入〕〈図形〉－線－直線，〈図形の枠線〉－実
線／点線一点鎖線を選択

－－－－－－－－－－－－りとりせん－－－－－－－－－－

セルを結合するには
結合したいセルをドラッグする
〔レイアウト〕〈セルの結合〉

外活動申告書

年□組児

保護者氏名↵

申告事項	内容	備考
持病	有・無	２０日まで
アレ		に担任まで
緊急		

表の線の種類の変更は
表を挿入すると表示される〔デザイン〕〈ペンのスタイル▼〉
線種選択マウスポインタで線をなぞる

セル内の文字の配置は
セルをクリックする
〔レイアウト〕〈配置〉両端揃え（中央）

事例3　案内文書

令和○年２月２２日

↵

栄養教諭
□取得希望者□各位
↵

食教育を考える会□□
会長□小原□昭子□

食教育を考える会のご案内

拝啓□向春の候、ますますご健勝のこととお慶び申し上げます。平素は格別のご理解を賜りありがとうございます。

□さて、春期食教育を考える会のお知らせをいたします。これからの食教育を考えていただく機会として、食教育の専門家である大学教授をお迎えし、現状と今後についてお話を伺います。その後懇親会も予定いたしております。

□つきましては、下記のとおりご案内いたしますので、多数ご参加くださいますようお願い申し上げます。

敬具□

記

□１．開□催□日□３月２５日（土）
□２．定□□□員□１００名
□３．参□加□費□会員３，０００円□非会員５，０００円
□４．プログラム

スケジュール		内容		
講演会	１４時～１５時	講師	平成大学健康医療学部　教授　斉藤　一朗　氏	テーマ	食教育と健康
	１５時～１６時		江戸短期大学食物学科　教授　梶元　まり　氏		こどもと食教育
懇親会	１６時～	講師と参加者との交流会		

□５．場□□□所□社会教育会館□２Ｆ□連絡先ＴＥＬ□０３３－５４２１－８８３９

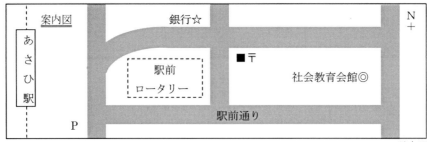

以上□

★作成手順および注意事項

令和○年２月２２日↵

↵

栄養教諭↵

□取得希望者□各位↵

↵

食教育を考える会↵

会長□小原□昭子↵

食教育を考える会のご案内↵

> **文字の囲みは**
> 文字をドラッグする
> 〔ホーム〕〈囲み線〉

拝啓□向春の候、ますますご健勝のこととお慶び申し上げます。平素は格別のご理解を賜りありがとうございます。↵

□さて、春期食教育を考える会のお知らせをいたします。これからの食教育を考えていただく機会として、食教育の専門家である大学教授をお迎えし、現状と今後についてお話を伺います。その後懇親会も予定いたしております。↵

□つきましては、下記のとおりご案内いたしますので、多数ご参加くださいますようお願い申し上げます。

敬具

記

> **文字や色のついた道の入れ方は**
> 線の太さを太くしテキストボックスで文字を入れる方法と四角形を使う方法がある。文字はテキストボックスを挿入し，塗りつぶしなし，線の色を線なしにすると枠線なしになり，配置しやすくなる。

□１．開□催□日□３月２５日

□２．定□□□員□１００名

□３．参□加□費□会員３，０

□４．プログラム↵

スケジュール		内容			
講演会	１４時～１５時	講師	平成大学健康医療学部　教授　斉藤　一朗　氏	テーマ	食教育と健康
	１５時～１６時		江戸短期大学食物学科　教授　梶元　まり　氏		こどもと食教育

参加者との交流会

> **曲線は**
> 〔挿入〕〈図形〉ー基本図形ー円弧，〔書式〕〈回転▼〉〈図形の枠線〉色，太さ

絡先ＴＥＬ□０３３－５４２１－８８３９

案内図　　　　銀行□

あさひ駅

駅前
ロータリー

P

N

> **表内やテキストボックス内の文字を縦書きにするには**
> 〔レイアウト〕〈配置〉文字列の方向
> 横書きのまま表の縦線や横書きテキストボックスの幅を狭めて縦書きにすると文字間隔が広がり幅は狭くなる。表内の文字を縦書きにしたり縦書きテキストボックスは文字間隔は狭くなるが幅は広がる。狭めると文字が欠けることがある

以□上↵

令和○年6月1日

↵

保護者□各位

↵

ハッピー幼稚園□□□
園長□都築□順子□

伝染病予防についてのお知らせ

拝啓□さわやかな初夏の季節、保護者の皆様には、ますます御健勝のこととお喜び申し上げます。日ごろより本園の教育活動にご理解、ご支援を賜り厚く御礼申し上げます。

□さて、本園では、6月15日（水）にプール開きを行います。プール開きに伴い、プールで感染しやすい伝染病の予防方法や伝染病発症時の対応について、下記のようにお知らせいたします。ぜひお子様とともにご覧くださいますよう、お願い申し上げます。

敬具□

記

□1．咽頭結膜熱（プール熱）

□□□…3～7日続く高熱、咽頭炎、結膜炎をおこすウィルス感染症です。首のリンパ節
□□□□の腫れもよく見られます。プールに入る夏の時期に流行します。

□2．流行性角結膜炎

□□□…プールを介して流行することの多いウィルス性の病気で、感染力の強いのが特徴
□□□□です。

	咽頭結膜熱	流行性角結膜炎
症□□状	高熱（39～40℃）、のどの痛み、腫れ 白目の充血、目やに	白目の充血、まぶたの腫れ 目がゴロゴロする、目やに
感染経路	せき、くしゃみ 目の結膜（白目、まぶたの裏）	プールの水、タオル 手指
予防方法	手洗い、うがい プール前後のシャワー	手洗い 汚い手で目をこすらない タオルの共用を避ける
登園基準	主要症状（発熱、頭痛、のどの痛み、結膜炎、だるさ）がなくなったあと、2日を経過するまではお休みしていただくことになります。	医師により感染のおそれがないと認められるまではお休みしていただくことになります。

以上□

★作成手順および注意事項

令和○年６月１日
↵
保護者□各位
↵
ハッピー幼稚園
園長□都築□順子

伝染病予防についてのお知らせ

拝啓□さわやかな初夏の季節、保護者の皆様には、ますます御健勝のこととお喜び申し上げます。日ごろより本園の教育活動にご理解、ご支援を賜り厚く御礼申し上げます。

□さて、本園では、６月１５日（水）にプール開きを行います。プール開きに伴い、プールで感染しやすい伝染病の予防方法や伝染病発症時の対応について、下記のようにお知らせいたします。ぜひお子様とともにご覧くださいますよう、お願い申し上げます。

敬具

記

> ふりがなをふるには
> ふりがなをふる文字をドラッグする
> 〔ホーム〕〈ルビ〉

□１．咽頭結膜熱（プール熱）

□□□…３～７日続く高熱、咽頭炎、結膜炎をおこすウィルス感染症です。首のリンパ節

> 文字のフォントを変えるには
> フォントを変えたい文字をドラッグする
> 〔ホーム〕〈フォント▼〉選択－ゴシック体

ルに入る夏の時期に流行します。

□２

□□□…プールを介して流行することの多いウィルス性の病気で、感染力の強いのが特徴
□□□□です。

	咽頭結膜熱	流行性角結膜炎
症□□状	高熱（39～40℃）、のどの痛み、 白目の充血、目やに	
予防方法	手洗い、うがい プール前後のシャワー	手洗い 汚い手で目をこすらない タオルの共用を避ける
登園基準	主要症状（発熱、頭痛、のどの痛み、 結膜炎、だるさ）がなくなったあと、２日を	医師により感染のおそれがないと認めら れるまではお休みしていただくことになりま

> 画像を挿入するには
> 表の外をクリックする。
> 〔挿入〕〈画像〉－保存した場所から保存した絵をクリック
> 〔書式〕〈文字列の折り返し〉前面

> 波線を付けるには
> 波線を付けたい文字をドラッグする
> 〔ホーム〕〈下線Ｕ▼〉クリック－波線

> 表の線の太さの変更は
> 表を挿入すると表示される〔デザイン〕〈ペンの太さ▼〉
> 線種選択－マウスポインタで線をなぞる

以上

事例5　お知らせ文書

令和○年7月15日

保護者□各位

○○市立○○小学校□

避難訓練のお知らせ

拝啓□空の青さが夏らしく輝きを増してきた今日この頃、保護者の皆様におかれましては増々ご健勝のこととお喜び申し上げます。学校では、保護者の皆様のご協力のおかげで、充実した1学期を終了することができそうです。子どもたちは、いよいよ夏休みに入ります。事故もなく、有意義な夏休みが送れますよう、保護者の皆様のご家庭でのご指導を、どうぞよろしくお願いいたします。

□さて、夏休み明けの9月1日に、下記のとおり全校避難訓練が実施されます。児童引渡し訓練となりますため、保護者の皆様のご協力も賜りたいと思います。ご理解いただき、ご協力をお願いいたします。

敬具□

記

□1．日□□時□9月1日（木）□11：45～12：15□※雨天実施
□2．集合場所□本校校庭（雨天時は体育館）
□3．訓練内容□地震により給食室から出火、全校児童を校庭（雨天時は体育館）へ避難

訓練内容（詳細）

①校内緊急放送（11：45）を行う
②担任の指示で運動場（雨天時は、体育
　館前）に避難をする
③学級毎に整列し、人員の確認を行う
④隊形移動をする
⑤避難についての話を聞く
⑥訓練終了後、児童を保護者に引き渡す

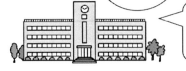

※9月1日は保護者の皆様による引渡し下校となりますので、お手数ですがお迎えいただきますよう、ご協力お願いいたします。

以上□

★作成手順および注意事項

令和○年7月15日

保護者□各位

○○市立○○小学校

避難訓練のお知らせ

拝啓□空の青さが夏らしく輝きを増してきた今日この頃、保護者の皆様におかれましては増々ご健勝のこととお喜び申し上げます。学校では、保護者の皆様のご協力のおかげで、充実した1学期を終了することができそうです。子どもたちは、いよいよ夏休みに入ります。事故もなく、有意義な夏休みが送れますよう、保護者の皆様のご家庭でのご指導を、どうぞよろしくお願いいたします。

□さて、夏休み明けの9月1日に、下記のとおり全校避難訓練が実施されます。児童引渡し訓練となりますため、保護者の皆様のご協力も賜りたいと思います。ご理解いただき、ご協力をお願いいたします。

敬具

記

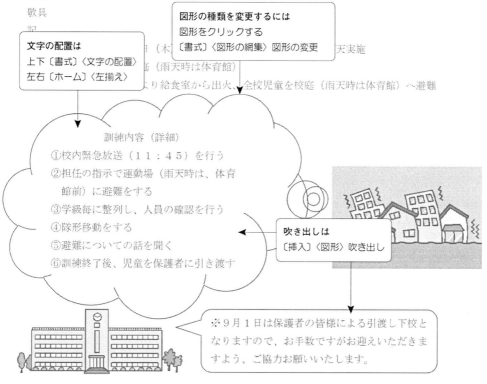

文字の配置は
上下〔書式〕〈文字の配置〉
左右〔ホーム〕〈左揃え〉

図形の種類を変更するには
図形をクリックする
〔書式〕〈図形の網集〉図形の変更

訓練内容（詳細）
①校内緊急放送（11：45）を行う
②担任の指示で運動場（雨天時は、体育館前）に避難をする
③学級毎に整列し、人員の確認を行う
④隊形移動をする
⑤避難についての話を聞く
⑥訓練終了後、児童を保護者に引き渡す

吹き出しは
〔挿入〕〈図形〉吹き出し

※9月1日は保護者の皆様による引渡し下校となりますので、お手数ですがお迎えいただきますよう、ご協力お願いいたします。

以上

26

事例6　案内文書

　　　　　　　　　　　　　　　　　　　　　　　令和〇年3月1日
↵
保護者□各位
↵
　　　　　　　　　　　　　　　　　　　〇〇市立〇〇小学校□

　　　　　　　　　　│卒業式のご案内│

拝啓□寒さの中に春の気配を感じる頃となりましたが、保護者の皆様には、ますます御健
勝のこととお喜び申し上げます。日ごろより本校の教育活動にご理解、ご支援を賜り厚く
御礼申し上げます。
□さて、この度は、お子さまのご卒業を心からお祝い申し上げます。つきましては、平成
２８年度の卒業式を下記のように行いますので、ぜひご参加ください。
　　　　　　　　　　　　　　　　　　　　　　　　　　　　敬具□

　　　　　　　　　　　　　　記

□1．日□□□時：3月17日（金）午前10時から
□2．場□□□所：小学校体育館
□3．式　次　第
□4．そ　の　他
□□□駐車場に限りがございます
□□ので、お車での来校はご遠慮
□□ください。

一．□開会の言葉
二．□国歌斉唱
三．□卒業証書の授与
四．□学校長式辞
五．□来賓祝辞
六．□来賓紹介、祝電披露
七．□在校生代表送辞
八．□卒業生代表答辞
九．□記念品贈呈
十．□卒業式歌斉唱、校歌斉唱
十一．□卒業生退場
十二．□閉会の言葉

□5．会場案内図

体育館　入口　校舎　プール
体育小屋　トラック　正門　駐輪場　卒業式

　　　　　　　　　　　　　　　　　　　　　　以上□

★作成手順および注意事項

令和◯年3月1日

保護者□各位

〇〇市立〇〇小学校

卒業式のご案内

拝啓□寒さの中に春の気配を感じる頃となりましたが、保護者の皆様には、ますます御健
勝のこととお喜び申し上げます。日ごろより本校の教育活動にご理解、ご支援を賜り厚く
御礼申し上げます。

□さて、この度は、ご案内申し上げます。
28年度の卒業式 ご参加

敬具

記

□1．日□□時：3月17日（金）午前10時から

□2．場□□□所：小学校体育館

□3．式　次　第

□4．そ　の　他

□□□駐車場に限りがございます

□□ので、お車での来校はご遠慮

□□ください。

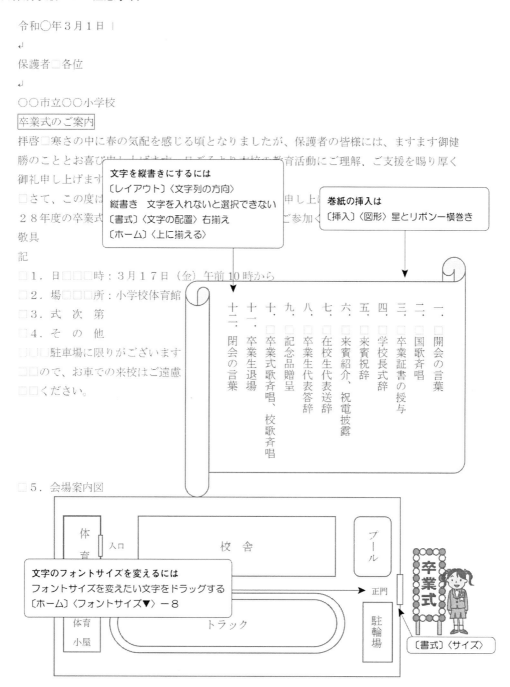

> **文字を縦書きにするには**
> 〔レイアウト〕〈文字列の方向〉
> 縦書き　文字を入れないと選択できない
> 〔書式〕〈文字の配置〉右揃え
> 〔ホーム〕〈上に揃える〉

> **巻紙の挿入は**
> 〔挿入〕〈図形〉星とリボン―横巻き

一．□開会の言葉
二．□国歌斉唱
三．□卒業証書の授与
四．□学校長式辞
五．□来賓祝辞
六．□来賓紹介、祝電披露
七．□在校生代表送辞
八．□卒業生代表答辞
九．□記念品贈呈
十．□卒業式歌斉唱、校歌斉唱
十一．□卒業生退場
十二．□閉会の言葉

□5．会場案内図

体育 入口
校舎
プール
体育小屋
トラック
正門
駐輪場
卒業式

> **文字のフォントサイズを変えるには**
> フォントサイズを変えたい文字をドラッグする
> 〔ホーム〕〈フォントサイズ▼〉－8

〔書式〕〈サイズ〉

以上

3.3 学級通信・保健だより

　幼稚園・保育園では，園児の様子を知らせるために，通信を発行していることが多い。保健室からは，保健だよりを発行している。その他，給食だよりなどが発行される。

事例7　園だより

9月1日号
ももぞの幼稚園

9月の園だより

お子さまの様子

　夏休み明けなので、久しぶりにお友だちと会い、楽しく遊ぶ様子が見られます。

　夏休みの疲れが出ないで、規則正しい生活ができるように、ご家庭でも早寝、早起きをして、しっかり朝ごはんを食べてから、登園できるようにお願いします。

園長から一言

今月の主な予定

　9月10日　身体測定
　9月18日　避難訓練
　9月22日　園外保育

お誕生日会
　今月お誕生日を迎える人数
　　4歳：　8人　5歳：10人
　　6歳：12人

秋の交通安全週間

　今月は秋の交通安全週間があります。日頃から心がけていることですが、もう一度確認しましょう。

✾ 自転車に乗る時は、ヘルメットをかぶりましょう。
✾ 横断歩道を渡る時は、信号を見て左右を見て手をあげて渡りましょう。
✾ 車に乗る時は、チャイルドシート、シートベルトをしましょう。

大切な命をみんなで守りましょう。

★作成手順および注意事項

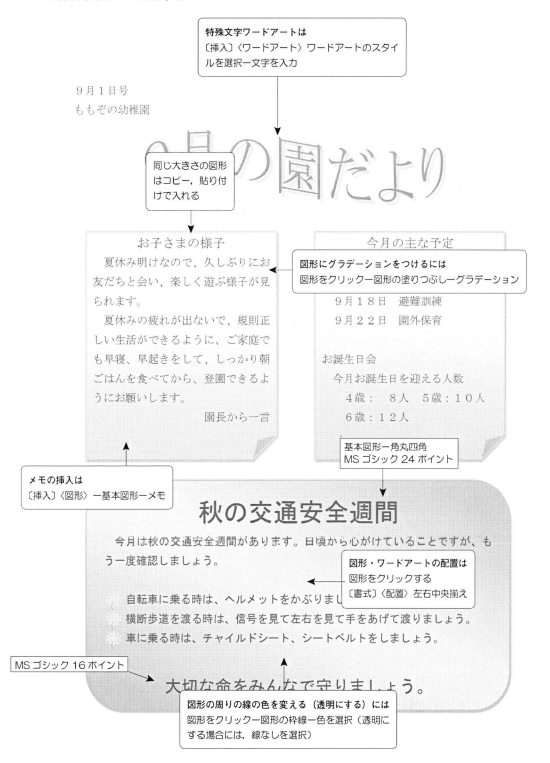

特殊文字ワードアートは
〔挿入〕〈ワードアート〉ワードアートのスタイルを選択ー文字を入力

9月1日号
ももぞの幼稚園

○月の園だより

同じ大きさの図形はコピー，貼り付けで入れる

お子さまの様子
　　夏休み明けなので、久しぶりにお友だちと会い、楽しく遊ぶ様子が見られます。
　　夏休みの疲れが出ないで、規則正しい生活ができるように、ご家庭でも早寝、早起きをして、しっかり朝ごはんを食べてから、登園できるようにお願いします。
　　　　　　　　　　園長から一言

今月の主な予定

図形にグラデーションをつけるには
図形をクリックー図形の塗りつぶしーグラデーション

　　9月18日　避難訓練
　　9月22日　園外保育

お誕生日会
　　今月お誕生日を迎える人数
　　　　4歳：　8人　5歳：10人
　　　　6歳：12人

基本図形ー角丸四角
MS ゴシック 24 ポイント

メモの挿入は
〔挿入〕〈図形〉ー基本図形ーメモ

秋の交通安全週間

　　今月は秋の交通安全週間があります。日頃から心がけていることですが、もう一度確認しましょう。

図形・ワードアートの配置は
図形をクリックする
〔書式〕〈配置〉左右中央揃え

　　自転車に乗る時は、ヘルメットをかぶりましょう。
　　横断歩道を渡る時は、信号を見て左右を見て手をあげて渡りましょう。
　　車に乗る時は、チャイルドシート、シートベルトをしましょう。

MS ゴシック 16 ポイント

大切な命をみんなで守りましょう。

図形の周りの線の色を変える（透明にする）には
図形をクリックー図形の枠線ー色を選択（透明にする場合には，線なしを選択）

ほけんだより

仮小発第1号
4月7日号

保護者の方と一緒に読みましょう。

健康診断がはじまります

いよいよ健康診断がはじまります。
自分の体のことを知るとてもよい機会ですので、お休みをしないように受けましょう。

健康診断日程表

月	日にち	曜日	対象学年	内容
4	10	水	1・2・3年生	体重・身長・座高、聴力、視力測定
	11	木	4・5・6年生	体重・身長・座高、聴力、視力測定
	22	月	1・2・3年生	内科検診
	23	火	4・5・6年生	内科検診
	26	金	全学年	耳鼻科検診
5	2	木	1・2・3年生	眼科検診
	3	金	4・5・6年生	眼科検診
6	4	金	全学年	歯科検診
	10	水	全学年	心臓検診

保護者の皆様へ

健康診断が始まります

　お子様の健康の保持増進のために欠かせないものですので、なるべく欠席させないようにお願いいたします。

　また、測定や検診は体操着に着替えて行いますので、体操着を忘れずに持たせてください。

★作成手順および注意事項

仮小発第1号

HG 創英角ポップ体 28 ポイント

ほけんだより

保護者の方と一緒に読みましょう。

健康診断（身体測定など）

いよいよ健康
自分の体のこ
しないように受けましょう。

表の線の色を消すにはは
表をクリックすると表示される〔デザイン〕〈ペンのスタイル▼〉
罫線なしを選択，マウスポインタで線をなぞる

健康診断日程表

月	日にち	曜日	対象学年	内容
4	10	水	1・2・3年生	体重・身長・座高、聴力、視力測定
	11	木	4・5・6年生	体重・身長・座高、聴力、視力測定
	22	月	1・2・3年生	内科検診
	23	火	4・5・6年生	内科検診
	26	金	全学年	耳鼻科検診
5				
6	10	水	全学年	心臓検診

MSP ゴシック

枠（フレーム）を挿入するには
〔挿入〕〈画像〉保存した場所から保存したものをクリック
〔書式〕〈文字列の折り返し〉―背面

保護者の皆様へ

健康診断が始まります

　お子様の健康の保持増進のために欠かせないものですので、なるべく
欠席させないようにお願いいたします。

　また、測定や　　　　　　　　　　　　　　　　　　備を忘れずに
持たせてくだ

文字の中抜きをするには
中抜きする文字をドラッグする
〔ホーム〕〈フォント〉―文字の効果―塗りつぶし
―白，輪郭―アクセント 1

事例9 身体測定について

身体測定について

日にち：4月13日（水）
対　象：1・2・3年生
場　所：保健室

1年1組＝ 9：00～ 9：55
1年2組＝10：00～10：55
2年1組＝11：00～11：55
2年2組＝12：00～12：55
3年1組＝13：00～13：55
3年2組＝14：00～14：55

日にち：4月14日（木）
対　象：4・5・6年生
場　所：保健室

4年1組＝ 9：00～ 9：55
4年2組＝10：00～10：55
5年1組＝11：00～11：55
5年2組＝12：00～12：55
6年1組＝13：00～13：55
6年2組＝14：00～14：55

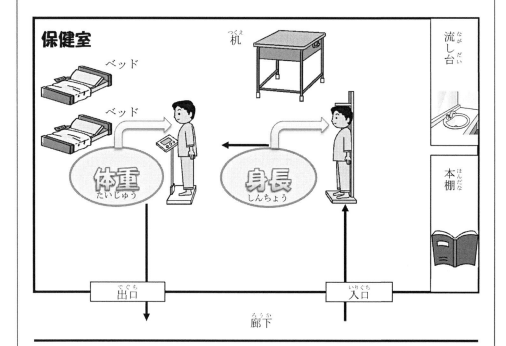

★作成手順および注意事項

ほぼ同じ内容のときは，文字まで入れてからコピー貼り付けし訂正する

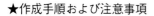

HG 創英角ゴシックUB

身体測定について ← ワードアート

日にち：4月13日（水）	日にち：4月14日（木）

対　象：1・2・3年生　　対　象：4・5・6年生
場　所：保健室　　　　　場　所：保健室

MS ゴシック →
1年1組＝　9：00～　9：55
1年2組＝10：00～10：55
2年1組＝11：00～11：55
2年2組＝12：00～12：55
3年1組＝13：00～13：55
3年2組＝14：00～14：55

4年1組＝　9：00～　9：55
4年2組＝10：00～10：55
5年1組＝11：00～11：55
5年2組＝12：00～12：55
6年1組＝13：00～13：55
6年2組＝14：00～14：55

HG 創英角ポップ体

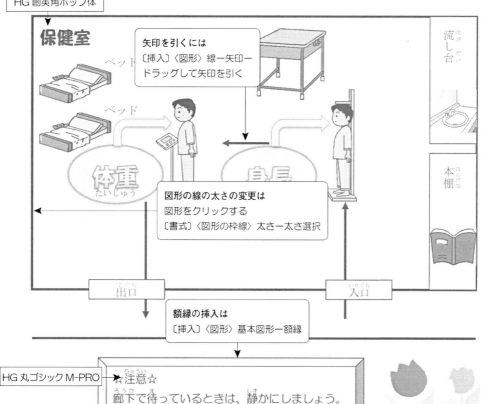

保健室

矢印を引くには
〔挿入〕〈図形〉線－矢印－ドラッグして矢印を引く

図形の線の太さの変更は
図形をクリックする
〔書式〉〈図形の枠線〉太さ－太さ選択

出口　　　入口

額縁の挿入は
〔挿入〕〈図形〉基本図形－額縁

HG 丸ゴシックM-PRO
★注意☆
廊下で待っているときは，静かにしましょう。

34

給食だより

仮小発第 1 号
4 月 7 日号

保護者の方と一緒に読みましょう。

給食がはじまります

　いよいよ給食がはじまります。給食は、みなさんの成長に必要な栄養がきちんとバランスよく取れるように作られています。好き嫌いなくたくさん食べて、元気にすごしましょう。

一週間の献立表

月	日	曜日	パンなど	おかず1	おかず2	飲み物	デザート	その他
4	15	月	ロールパン	エビフライ	サラダ	牛乳	みかん	
	16	火	ご飯	肉じゃが	たまご焼き	牛乳		ふりかけ
	17	水	やきそば	ぎょうざ	もやし炒め	牛乳	プリン	
	18	木	炊き込みご飯	さばのみそ煮	ひじきとちくわの煮付け	コーヒー牛乳		
	19	金	コッペパン	ハンバーグ	ポテトサラダ	牛乳	ヨーグルト	

保護者の皆様へ

給食が始まります

　4月14日から給食が始まります。お子様の食物アレルギー等により、給食に注意が必要な場合や、栄養士へのご質問がおありの場合には、担任までご連絡をお願いいたします。

★作成手順および注意事項

仮小発第 1 号
4 月 7 日号

給食だより

いよいよ給食がはじまり……ンスよく取れるように作られ……よう。

Excel で作成した表を Word に貼り付けるには
Word の文書を開いてタスクバー上に最小化し，Excel の表を開いて表全体をドラッグしてコピーをクリックする。次にタスクバー上の Word をクリックして最大化し，貼り付けたい所をクリックし，貼り付けをクリックする。表の列や行の間隔が変わるため，罫線にマウスポインタを合わせ，黒い上下，左右の矢印が出るところでドラッグし，間隔を調整する。
Excel で作成した表の貼り付けと Word の表作成と，どちらが有効かは，作成する表による。

一週間の献立表

月	日	曜日	パンなど	おかず1	おかず2	飲み物	デザート	その他
4	15	月	ロールパン	エビフライ	サラダ	牛乳	みかん	
	16	火	ご飯	肉じゃが	たまご焼き	牛乳		ふりかけ
	17	水	やきそば	ぎょうざ	もやし炒め	牛乳	プリン	
	18	木	炊き込みご飯	さばのみそ煮	ひじきとちくわの煮付け	コーヒー牛乳		
	19	金	コッペパン	ハンバーグ	ポテトサラダ	牛乳	ヨーグルト	

上の "給食がはじまります" はワードアート
下の "給食が始まります" は文字の中抜き

行間を詰めるには
挿入されている図形や表をクリックする
〔レイアウト〕〈段落〉の右⌐矢印をクリック─
インデントと行間隔─間隔─行間▼をクリックし，固定値を選択─間隔を 12pt に設定─OK
間隔は文字サイズより小さいと文字が重なる

保護者の皆様へ

給食が始まります

　4 月 14 日から給食が始まります。お子様の食物アレルギー等により、給食に注意が必要な場合や、栄養士へのご質問がおありの場合には、担任までご連絡をお願いいたします。

事例11　配膳について

配ぜんについて

配ぜんは、下の図の通りにおこないましょう。
給食をもらうときは、順番を守り、ふざけないように
しましょう。

教室

黒　　板

| 配膳台 | 飲み物 | パン等 | デザート | おかず2 | おかず1 | おぼん |

順番にもらう

自分の席へ戻る

机

☆給食を食べるときの注意☆

☆手洗いうがいをよくしてから食べましょう。
☆パンは口につめこまず、少しずつ食べましょう。
☆口にものが入っているときに話すのはやめましょう。
☆パンやごはんと、おかず1、おかず2をバランスよく食べましょう。
☆好き嫌いをせずに食べましょう。

★作成手順および注意事項

配ぜんについて

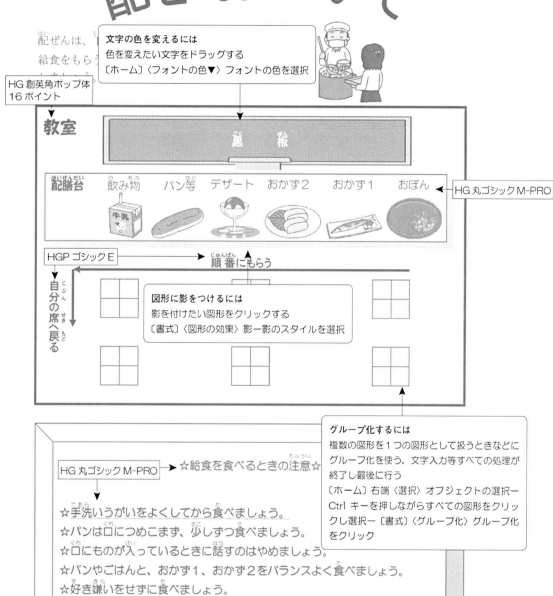

文字の色を変えるには
色を変えたい文字をドラッグする
〔ホーム〕〈フォントの色▼〉フォントの色を選択

配ぜんは、
給食をもら

HG 創英角ポップ体
16 ポイント

教室

献　　立

配膳台　飲み物　パン等　デザート　おかず２　おかず１　おぼん　　← HG 丸ゴシック M-PRO

HGP ゴシック E　　　→　順番にもらう

自分の席へ戻る

図形に影をつけるには
影を付けたい図形をクリックする
〔書式〕〈図形の効果〉影－影のスタイルを選択

グループ化するには
複数の図形を１つの図形として扱うときなどに
グループ化を使う．文字入力等すべての処理が
終了し最後に行う
〔ホーム〕右端〈選択〉オブジェクトの選択－
Ctrl キーを押しながらすべての図形をクリッ
クし選択－〔書式〕〈グループ化〉グループ化
をクリック

HG 丸ゴシック M-PRO　　　☆給食を食べるときの注意☆

☆手洗いうがいをよくしてから食べましょう。
☆パンは口につめこまず、少しずつ食べましょう。
☆口にものが入っているときに話すのはやめましょう。
☆パンやごはんと、おかず１、おかず２をバランスよく食べましょう。
☆好き嫌いをせずに食べましょう。

3.4 各種行事のお知らせ

　幼稚園・保育園, 学校では, 各種行事のプログラムやお知らせを作成することが多い。その代表的なものを紹介する。

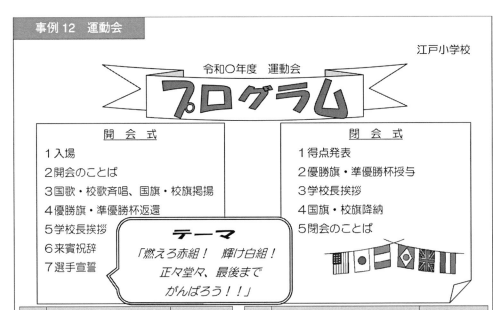

事例12　運動会

江戸小学校

令和〇年度　運動会
プログラム

開会式
1 入場
2 開会のことば
3 国歌・校歌斉唱、国旗・校旗掲揚
4 優勝旗・準優勝杯返還
5 学校長挨拶
6 来賓祝辞
7 選手宣誓

閉会式
1 得点発表
2 優勝旗・準優勝杯授与
3 学校長挨拶
4 国旗・校旗降納
5 閉会のことば

テーマ
「燃えろ赤組！　輝け白組！
正々堂々、最後まで
がんばろう！！」

No.	種目名	出場者	No.	種目名	出場者
1	準備運動	全児童	11	応援合戦	応援団
2	借り物競走	4年	12	大玉ころがし	一般PTA
3	100m走	6年	13	かけっこ	未就学児
4	50m走	1年	14	100m走	5年
5	50m走	2年	15	80m走	3年
6	台風の目	3年	16	玉入れ	1・2年
7	障害物競走	5年	17	ダンス	3・4年
8	80m走	4年	18	騎馬戦	5・6年
9	ダンス	1・2年	19	対抗リレー	代表選手
10	組体操	6年	20	整理運動	全児童

楽しい運動会にしましょうね！

※12:30〜13:15まではお昼休憩の時間です。お昼の休憩後は保護者による大玉ころがしがありますので, 入場門付近へ13:20にお集まりください。

★作成手順および注意事項

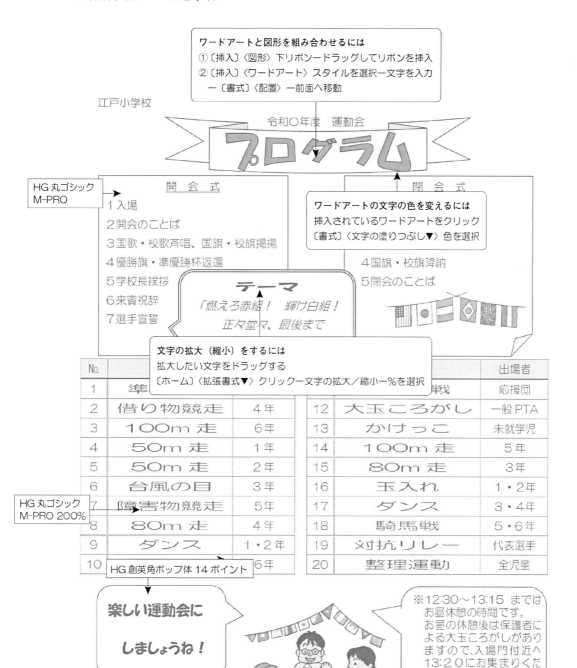

事例 13　芋ほり

令和○年１０月１８日
秋桜保育園

秋に収穫できる野菜のうち、幼稚園・保育園の行事として、さつまいもを掘ることをします。契約している農園の畑に行って、見事に育ったさつまいもを掘ります。自分で掘ったさつまいもの味は格別です！園に帰ってきてから、おいもをふかしてみんなで一緒に食べます。おうちにもお土産のおいもを持ち帰ります。大地の恵みと農園の方の作物を作る苦労に感謝し、土に触れる楽しさを味わいましょう！！

★予定時間★
8：30　集合
8：45　出発
9：00　バス発車
10：00　現地到着
11：30　お弁当
13：00　バス発車
14：00　帰園予定
　　　　午睡
15：45　おやつ

大まかな予定です。
多少前後することも
あります。
前日はしっかり睡眠
をとり、朝食も食べ
ましょう。

★作成手順および注意事項

令和○年１０月１８日
秋桜保育園

写真を挿入するには
〔挿入〕〈画像〉保存した場所から保存した写真を選択し
クリックー挿入された画像をクリック〔書式〕〈文字列
の折り返し〉背面

先頭の文字を何行分か大きくするには
すべての文字を入力後，大きくしたい先頭の文字をドラッグする
〔挿入〕〈ドロップキャップ〉本文内に表示
先頭にスペースが入っているとドロップキャップできない
テキストボックスの中ではドロップキャップできない

秋 に収穫できる野菜のうち，幼稚園・保育園の行事として，さつまいもを掘ることをします。契約している農園の畑に行って，見事に育ったさつまいもを掘ります。自分で掘ったさつまいもの味は格別です！園に帰ってきてから，おいも　　　　ちにもお土産のおいもを持ち帰ります。大地　　　　し，土に触れる楽しさを味わいましょう！！

図形の色を透明にするには
挿入されている図形上で十字矢印を出しクリックー〔書式〕
〈図形の塗りつぶし▼〉ー塗りつぶしなしを選択

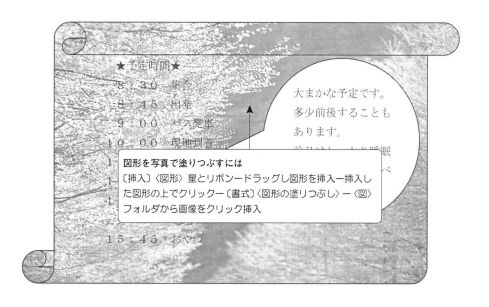

★予定時間★
8:30　集合
8:45　出発
9:00　バス発車
10:00　現地到着

大まかな予定です。
多少前後することも
あります。

図形を写真で塗りつぶすには
〔挿入〕〈図形〉星とリボンードラッグし図形を挿入ー挿入した図形の上でクリックー〔書式〕〈図形の塗りつぶし〉ー〈図〉フォルダから画像をクリック挿入

15:45　おやつ

事例14　学習発表会

令和〇年11月13日

学習発表会

プログラム

9　おわりの言葉

8　劇「雨の散歩」…5年

7　音楽劇「ディディ」…6年

6　劇「月に帰ったうさぎ」…4年

5　創作劇「小太りじいさん」…2年

4　劇「白いお山」…1年

3　劇「りんごの花」…3年

2　学校長の話

1　はじめの言葉

ごあいさつ

　日ごろの学習成果を発表するために、子どもたちは協力して一つのことに取り組んできました。皆さまに大きな拍手で迎えられると、練習以上の大きな花を咲かせることができると思います。よろしくお願いします。

第一小学校　校長　新城　鈴子

場所：体育館

時間：午前8時50分〜12時20分

お願い

お手数ですが、「上履き」と「下履きを入れる袋」をご持参下さい。

小さいお子さんをお連れの際は、静かに鑑賞できるようにご配慮下さい。

携帯電話等、音の出るものは電源をお切り下さい。

★作成手順および注意事項

令和○年１１月１３日

学習発表会

プログラム

9 おわりの言葉
8 劇「雨の散歩」…5年
7 音楽劇「ディディ」…6年
6 劇「月に帰ったうさぎ」…4年
5 創作劇「小太りじいさん」…2年
4 劇「白いお山」…1年
3 劇「りんごの花」…3年
2 学校長の話
1 はじめの言葉

図形を背面にするには
図形をクリックして選択する
〔書式〕〈背面へ移動〉

　日ごろの学習成果を発表す（　　　　　　　　　）力して一つのことに取り組んできました。皆さまに（　　　　　　　　）練習以上の大きな花を咲かせることができると思います。よろしくお願いします。

第一小学校　校長　新城　鈴子

場所：体育館
時間：午前８時５０分〜１２時２０分

お願い

お手数ですが、「上履き」と「下履きを入れる袋」をご持参下さい。
小さいお子さんをお連れの際は、静かに鑑賞できるようにご配慮下さい。
携帯電話等、音の出るものは電源をお切り下さい。

事例 15　定期演奏会

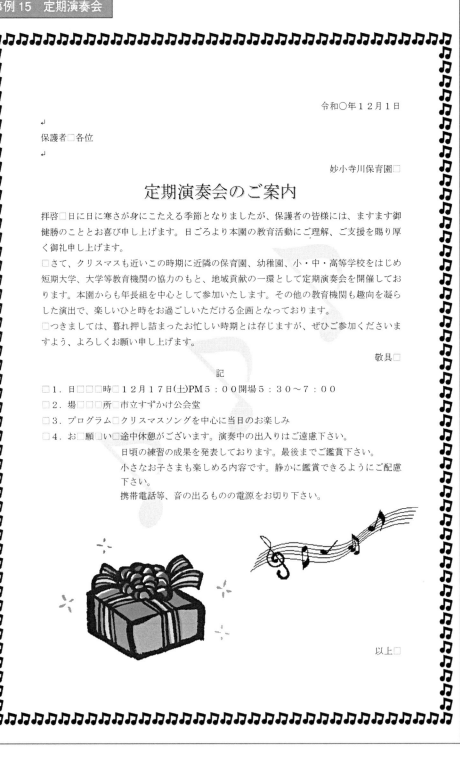

令和○年１２月１日

保護者□各位

妙小寺川保育園□

定期演奏会のご案内

拝啓□日に日に寒さが身にこたえる季節となりましたが、保護者の皆様には、ますます御健勝のこととお喜び申し上げます。日ごろより本園の教育活動にご理解、ご支援を賜り厚く御礼申し上げます。

□さて、クリスマスも近いこの時期に近隣の保育園、幼稚園、小・中・高等学校をはじめ短期大学、大学等教育機関の協力のもと、地域貢献の一環として定期演奏会を開催しております。本園からも年長組を中心として参加いたします。その他の教育機関も趣向を凝らした演出で、楽しいひと時をお過ごしいただける企画となっております。

□つきましては、暮れ押し詰まったお忙しい時期とは存じますが、ぜひご参加くださいますよう、よろしくお願い申し上げます。

敬具□

記

□１．日□□時□１２月１７日(土)PM５：００開場５：３０〜７：００
□２．場□□□所□市立すずかけ公会堂
□３．プログラム□クリスマスソングを中心に当日のお楽しみ
□４．お□願□い□途中休憩がございます。演奏中の出入りはご遠慮下さい。

　　　　　　　　日頃の練習の成果を発表しております。最後までご鑑賞下さい。

　　　　　　　　小さなお子さまも楽しめる内容です。静かに鑑賞できるようにご配慮下さい。

　　　　　　　　携帯電話等、音の出るものの電源をお切り下さい。

以上□

★作成手順および注意事項

編集領域の回りに模様を入れるには
〔デザイン〕〈ページ罫線〉
一度絵柄を設定してから絵柄なしにしても罫線が残る。右のプレビューですべての線をクリックして消す

文字のフォントサイズを変えるには
フォントサイズを変えたい文字をドラッグ
〔ホーム〕〈フォントサイズ▼〉20 選択

妙小寺川保育園

定期演奏会のご案内 ◀

文字に影をつけるには
影付きにする文字をドラッグ
〔ホーム〕〈フォント〉文字の効果ー影

拝啓□日に日に寒さが身にこたえる季節と□□□□□□□□□□□□□御健勝のこととお喜び申し上げます。日ごろより本園の教育活動にご理解、ご支援を賜り厚く御礼申し上げます。

□さて、クリスマスも近いこの時期に近隣の保育園、幼稚園、小・中・高等学校をはじめ短期大学、大学等教育機関の協力のもと、地域貢献の一環として定期演奏会を開催しております。本園からも年長組を中心として参加いたします。その他の教育機関も趣向を凝らした演出で、楽しいひと時をお過ごしいただける企画となっております。

□つきましては、暮れ押し詰まったお忙しい時期とは存じますが、ぜひご参加くださいますよう、よろしくお願い申し上げます。

文章の背景に透かしを入れるには
〔デザイン〕〈透かし〉ユーザー設定の透かしーテキストー
おんぷと入力し変換ー OK をクリック

: 3 0 ～ 7 : 0 0

□3．プログラム□クリスマスソングを中心に当日のお楽しみ
□4．お□願□い□途中休憩がございます。演奏中の出入りはご遠慮下さい。
日頃の練習の成果を発表しております。最後までご鑑賞下さい。
小さなお子さまも楽しめる内容です。静かに鑑賞できるようにご配慮下さい。
携帯電話等、音の出るものの電源をお切り下さい。

画像のサイズを変更するには
〔書式〕〈サイズ〉の右┗矢印をクリックーサイズー倍率
高さか幅 70%

以上

事例 16　お知らせ文書

令和〇年 8 月 1 日

患者□各位

五輪接骨院□□□□□
院長□五輪□吾郎□

お盆期間休診のお知らせ

拝啓□暑さが身に応える今日この頃ですが患者の皆様はいかがお過ごしでしょうか。日頃
は、本院の診療活動にご理解をいただきありがとうございます。
□さて、患者の皆様には大変申し訳ないのですが、下記のとおりお盆期間を休診とさせて
いただきます。
□つきましては、お身体に留意され、お元気で過ごされますことをお祈りしています。
敬具□

記

※ 8 月の休診日：網掛け部分

8 月						
日	月	火	水	木	金	土
			1	2	3	4
5	6	7	8	9	10	11
12	13	14	15	16	17	18
19	20	21	22	23	24	25
26	27	28	29	30	31	

以上□

★作成手順および注意事項

令和○年8月1日

↵

患者□各位

↵

五輪接骨院
院長□五輪□吾郎

お盆期間休診のお知らせ

拝啓□暑さが身に応える今日この頃ですが患者の皆様はいかがお過ごしでしょうか。日頃
は、本院の診療活動にご理解をいただきありがとうございます。

□さて、患者の皆様には大変申し訳ないのですが、下記のとおりお盆期間を休診とさせて
いただきます。

□つきましては、お身体に留意され、お元気で過ごされますことをお祈りしています。

敬具

記

※8月の休診日：網掛け部分

8月						
日	月	火	水	木	金	土
			1	2	3	4
5	6	7	8	9	10	11
12	13	14	15	16	17	18
19	20	21	22	23	24	25
26	27	28	29	30	31	

以上

問　　題

　下記の箇条書きになっている項目を並べ替えて，わかりやすい文書をビジネス文書の形式で作成すること。

学生支援室の利用について
学生支援室は，「勉学と就職」サポートの支援を目的とした空間です。すべての学生が快適に利用できるよう，下記事項を守り節度ある使用をしてください。マナーが悪い場合には，施設の利用制限を行う場合があります。
キャリアサポートセンター

1. 飲食はしないこと。
2. 「勉学と就職」以外の個人的な目的での利用は禁止（アルバイト，ネットオークション，ゲームなど）する。
3. 使用後は必ず電源を切り，電源キーを返却し『パソコン使用簿』に終了時刻を記入する。
4. 利用時間は，平日午前9時〜午後5時，土曜午前9時〜午後12時30分とする。
5. パソコンを使用するときに，不適切な使用があった場合は，退室を命じるとともに，その後の使用を禁止することもある。
6. 長時間の利用はしないこと。
7. 都合によりパソコンの利用を急遽中止することや，優先使用をすることがある。
8. キャリアサポートセンター『パソコン使用簿』に記載し，電源キーを受け取る。
9. 大声での私語など，他の利用者に迷惑となる行為はしないこと。
10. パソコン操作等で不明な場合は，クラス担任またはワーク担当教員に申し出ること。
11. 必要な求人用紙は，コピーカードを購入し複写すること（原紙を持って帰らないこと）。
12. 電源キーの紛失や備品を壊した場合は，実費請求する。
13. 印刷用紙は，1人1日10枚を上限とする。但し，印刷命令を出したまま放置したり，印刷用紙が乱雑に使われた場合は，プリンターの使用を禁止する。
14. 学生間での，電源キーの貸し借りをしてはならない。
15. 求人票・パンフレットなどを見たら元の場所へ戻すこと。
16. 本の持ち出し厳禁（家などで見たいときはコピーをとること）。
17. 10分以上席を離れる場合は，一度電源キーを返却すること。
18. 席取りはしないこと。予約はできない。
19. パソコンの利用が混み合うときは，時間制限を設ける。
20. SA（スチューデントアシスタント）が在室する場合は，指示に従うこと。

第4章　表計算用ソフトの活用

　表計算用ソフトの活用として，「Excel」について説明している。Excel は，ワークシートという作業領域を使い，計算をしたり，グラフ作成をするものである。

　ワークシートは，16,384列×1,048,576 行のセルで構成されている。セルはグレーの線で囲まれているが，印刷はされない。セルをクリックし，黒い太枠がついて作業対象となったセルをアクティブセルという。アクティブセルに文字や数字，計算式などを入力し，計算をしたり，グラフ作成をする。Excel を起動すると，図4-1 の画面が表示される。画面にはワークシート全体を表示することはできない。表示されていない部分は，右と下にあるスクロールバーを使い表示させる。列はアルファベットで，行は数字で表示され，セルには列のアルファベットと行の数字を組み合わせた名前がつけられる。名前ボックスには，アクティブセルの名前が表示される。数式バーには，アクティブセルの内容が表示される。Excelのファイルは，Bookといいワークシートで構成されている。ワークシートは増やすことも減らすこともできる。また，ワークシートに名前をつけるには，シート見出しをダブルクリックしてそのまま文字を入力する。

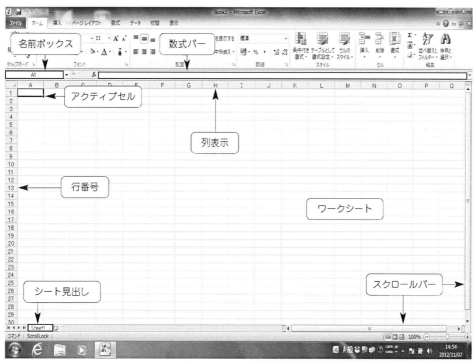

図 4-1　Excel 画面構成

　ワークシートに入力するデータの種類には，大きく分けると「文字列」「数値」「式」がある。セルに入力されたとき，文字列は左詰で表示され，数値と式の計算結果は右詰で表示

される。左詰で表示されるものは，計算できないが，右詰で表示されるものは，計算できる。たとえば，東京の市外局番 03 をそのまま入力すると 0 が消えて 3 だけ右詰で入力される。0 の前に「'」アポストロフィをつけると，03 は文字列となり左詰で入力され計算できない数字となる。また，「/」「-」「:」が数字の間に入ると自動的に日付や時刻に変換される。

　作成手順および注意事項は，事例ごとに新たに必要となる機能を中心として説明した。画像などの挿入は，第 1 章 1.11 を参照する。アクティブセルは，A1 のように列表示と行番号を組み合わせた名前で表す。操作の仕方は，「タブ」は，〔　〕で表し，「タブ」をクリックして表示される機能は，〈　〉で表す。その先の機能は，—でつないでいる。また，機能選択の仕方は，クリックしないと表示されない場合と，マウスポインタを合わせただけで表示される場合がある。

4.1　表作成

　表作成は，Word や PowerPoint にはないオートフィルという機能を使い，連続した数字や曜日の入力，同じ文字列のコピーを行う。

事例 1　カレンダー

★作成手順および注意事項

1．A1に「8月」と入力しEnterキーを押す。A2に「日」と入力する。

2．A2の太枠の右下にマウスポインタを合わせると，マウスポインタの形が白十字から黒十字に変わる。黒十字に変わったら，そのまま右にドラッグすると月～土まで入力される。この機能をオートフィルという。

3．数字の場合は，1だけ入力してドラッグすると1が繰り返し入力されるため，D3とE3に「1」と「2」を入力し，白十字でドラッグすると2つのセルが太枠で囲まれる。太枠の右下にマウスポインタを合わせ，黒十字に変わったらそのまま右にドラッグする。これを繰り返し，31まで入力する。

	A	B	C	D	E	F	G
1	8月						
2	日						
3							
4							

	A	B	C	D	E	F	G
1	8月						
2	日	月	火	水	木	金	土
3				1	2		
4							

4．A1からG7を白十字でドラッグし〔ホーム〕〈フォントサイズ〉，フォントサイズを「24」，〔ホーム〕〈罫線〉罫線の「格子」をクリックする。

5．A1からG1を白十字でドラッグし，罫線の下二重罫線をクリックし，〔ホーム〕〈セルを結合して中央揃え〉をクリックする。

6．行番号1～20をドラッグし，〔ホーム〕〈挿入〉をクリックする。A1からG27をドラッグし，罫線の外枠太罫線をクリックする。写真を挿入する。

事例2　行事予定表

A	B	C	D	E	F	G
		年間行事予定表				
		4月		5月		6月
1	金		日		水	
2	土		月	職員集会、委員会活動	木	職員会議、校内研修
3	日		火	憲法記念日	金	
4	月		水	みどりの日	土	
5	火		木	こどもの日	日	
6	水		金		月	職員会議、校内研修
7	木		土		火	講話朝会
8	金	始業式、入学式	日		水	給食費集金
9	土		月	職員会議	木	職員集会
10	日		火	学年朝会	金	
11	月	職員会議、平常授業開始	水	給食費集金、家庭訪問	土	
12	火	体育朝会、身体測定	木	家庭訪問	日	
13	水	給食費集金、身体測定	金	家庭訪問	月	職員集会
14	木	委員会活動、身体測定	土		火	
15	金	授業参観、懇談会	日		水	
16	土		月	職員会議、家庭訪問	木	職員集会
17	日		火	体育朝会	金	
18	月	職員会議、校内研修	水		土	
19	火	学年朝会、授業参観、懇談会	木	職員会議、クラブ活動	日	
20	水	授業参観、懇談会	金		月	職員集会
21	木	職員会議、クラブ活動	土		火	
22	金	離任式	日		水	
23	土		月	職員会議、校内研修	木	職員集会
24	日		火	音楽朝会	金	
25	月	職員会議、校内研修	水		土	
26	火	音楽朝会	木	生徒指導委員会	日	
27	水		金		月	職員会議
28	木	職員会議、生徒指導委員会	土		火	
29	金	昭和の日	日		水	
30	土		月	職員会議、校内研修	木	職員集会
31			火			

★作成手順および注意事項

1．A1に「年間行事予定表」と入力し，A3に「1」，A4に「2」，B3に「金」，C3に「日」，D3に「水」と入力する。

2．A3とA4を白十字でドラッグし，オートフィルの機能を使い，31まで入力する。B3の太枠の右下にマウスポインタを合わせ，黒十字に変わったところで，ダブルクリックすると，31まで一気に曜日が入力される。同じことをC3，D3で行う。

	A	B	C	D
1	年間行事予定表			
2				
3		1	金	日	水
4		2	+		

3．列表示Cをクリックし，〔ホーム〕〈挿入〉をクリックする。列表示Eをクリックし，同じく列の挿入を行う。

4．C2に「4月」と入力し，オートフィルの機能を使い，6月まで入力する。E2をクリックし，太枠の近くでマウスポインタが白矢印に変わったら，G2までドラッグする。D2をクリックし，同じようにE2に移動させる。

	A	B	C	D	E	F	G
1	年間行事予定表						
2			4月	5月	6月		
3		1金		日	⇧		水
4		2土		月			木
5		3日		火			金
6		4月		水			土

	A	B	C	D	E	F	G
1	年間行事予定表						
2			4月	5月			6月
3		1金		日	⇧	水	
4		2土		月		木	
5		3日		火		金	
6		4月		水		土	

	A	B	C	D	E	F	G
1	年間行事予定表						
2			4月		5月		6月
3		1金		日		水	
4		2土		月		木	
5		3日		火		金	
6		4月		水		土	

5．列表示の A と B の間の縦線にマウスポインタを合わせると，黒左右矢印に変わる。変わったらそのまま左にドラッグし，列幅を狭くする。列表示の B と C の間の縦線にマウスポインタを合わせ，黒左右矢印に変わったら，ダブルクリックすることで列幅を調整することもできる。ただし，この機能はその列に入っている一番多い文字数に合わせて調整される。同じように D 列，F 列も列幅を調整する。

6．行事予定を C 列 E 列 G 列の各々のセルに入力する。同じ文字を入力しはじめると，それまでに入力した文字列を自動的に表示する機能が働く。これをオートコンプリート機能という。これを利用しない場合は，そのまま入力を続ける。列幅が狭いと入力した文字が表示されないため，列幅の調整をする。同じ予定は，オートフィルの機能でコピーする。C21, C30 のようにセル内で改行するためには，改行したいところで，Alt キーを押しながら，Enter キーを押す。入力後に改行するときは，そのセルをクリックして数式バーにセルの内容を表示させ，数式バー上の改行したいところをクリックするか，セル内をダブルクリックして，Alt キーを押しながら，Enter キーを押す。

7．A1 から G33 を白十字でドラッグし，罫線の格子をクリックする。休日のセルは，〔ホーム〕〈塗りつぶしの色〉をクリックし，色をつける。

　事例1，事例2をもとに，以下の事例を作成する。作成のポイントは，オートフィルの機能を使い，連続した数字や曜日の入力，同じ文字列のコピーを行うことである。

事例3　給食献立表

　A1 から I7 にデータを入力する。第3章の事例10給食だよりにコピーして貼り付ける。
　ふりがなは，ふりがなをつける範囲を白十字でドラッグし，〔ホーム〕〈ふりがなの表示／非表示〉▼ふりがなの設定で種類や配置を設定する。ふりがなは非表示になっているため，ふりがなを表示したいセルをクリックし，〔ホーム〕〈ふりがなの表示／非表示〉▼ふりがなの表示をクリックし表示させる。ふりがなの配置やいらない文字の削除は，〔ホーム〕〈ふりがなの表示／非表示〉▼ふりがなの編集をクリックしふりがなをクリックして編集する。

	A	B	C	D	E	F	G	H	I
1					一週間の献立表				
2	月	日	曜日	パンなど	おかず1	おかず2	飲み物	デザート	その他
3		14	月	ロールパン	エビフライ	サラダ	牛乳	みかん	
4	4	15	火	ご飯	肉じゃが	たまご焼き	牛乳		ふりかけ
5		16	水	やきそば	ぎょうざ	もやし炒め	牛乳	プリン	
6		17	木	炊き込みご飯	さばのみそ煮	ひじきとちくわの煮付け	コーヒー牛乳		
7		18	金	コッペパン	ハンバーグ	ポテトサラダ	牛乳	ヨーグルト	

事例4　健康観察記録簿

	A	B	C D E F	G H I	J K L M	N O P Q	R S T U	V W X Y Z	AA AB AC	AD AE AF AG AH
1				健康観察記録簿　6月　担任名						
2	年	組	日 1 2 3	4 5 6 7 8 9 10	11 12 13 14 15 16 17	18 19 20 21 22 23 24	25 26 27 28 29 30			
3		氏名	曜 水 木 金	土 日 月 火 水 木 金	土 日 月 火 水 木 金	土 日 月 火 水 木 金	土 日 月 火 水 木			
4	1									
5	2									
6	3									
7	4									
8	5									
9	6									
10	7									
11	8									
12	9									
13	10									
14	11									
～	～									
28	25									
29	26									
30	27									
31	28									
32	29									
33	30									

34	摘要	学級担任者が児童生徒の健康状態について日常観察し（第1限始め）次の記号（数字）で記入してください。		欠席者については次の記号で記録してください			テ：出席停止
35		1 顔色	2 頭が痛い	3 のどが痛い	ず 頭痛	ふ 腹痛	○ 事故欠	・インフルエンザ ・水痘
36		4 かぜ	5 腹が痛い	6 目が重い（赤い）	か かぜ	げ 下痢	テ 出席停止	・流行性耳下腺炎 ・手足口病
37		7 歯が痛い	8 食欲がない	9 けが	へ 扁桃腺	け けが	キ 忌引	・伝染性紅斑 ・伝染性眼
38		10 気持ちが悪い	11 せき	12 花粉症	ね 発熱	ぜ ぜんそく		・溶連菌感染症 ・その他
39					チ 遅刻	× 早退		・麻疹

　　事例5は，A列に来室人数，B列に年，C列に組，D列に氏名，E列に来室時間，F列にけがの種類，G列に休み時間，H列に授業中，I列にその他，J列にどこで，K列にどんなふうに，L列にどこを，M列にどうした，N列に処置を入力し，セル内の改行，G3，H3，I3のセルの結合を行う。

事例5　来室者記録

	A	B	C	D	E	F	G	H	I	J	K	L	M	N
1						来室者記録								
2							月	日						
3		年	組	氏名	来室	けがの種類		いつ		どこで	どんなふうに	どこを	どうした	処置
4					時間		休み時間	授業中	その他					
5		1												
6		2				打撲・捻挫	1・2	1・2	登校中	校庭		あたま・かお・くび	すりむいた	消毒
7	1	3	1		：	突き指・すり傷	3・4	3・4	下校中	廊下	ころんだ	かた・うで・ひじ・て	切った	ばんそうこう
8		4	2			切り傷・ささくれ	5	5・6	放課後	教室	ぶつけた	むね・おなか・せなか	ひねった	シップ
9		5	3			やけど・虫さされ				その他		おしり・ふともも・	血が出た	アイスノン
10		6								（　　　）		あし・ひざ		
11		1												
12		2				打撲・捻挫	1・2	1・2	登校中	校庭		あたま・かお・くび	すりむいた	消毒
13	2	3	1		：	突き指・すり傷	3・4	3・4	下校中	廊下	ころんだ	かた・うで・ひじ・て	切った	ばんそうこう
14		4	2			切り傷・ささくれ	5	5・6	放課後	教室	ぶつけた	むね・おなか・せなか	ひねった	シップ
15		5	3			やけど・虫さされ				その他		おしり・ふともも・	血が出た	アイスノン
16		6								（　　　）		あし・ひざ		

4.2 計　算

　計算は，＝で始まる式を入力することで行う。たとえば，A1 に「＝1+1」と入力し，Enter キーを押すと A1 のセルには計算結果の「2」が表示される。入力した式は，そのセルをクリックし数式バーに表示する。入力したデータの変更に伴って再計算されるように，通常はセルの名前で計算式を作成する。また，計算式を省略したり，複雑な計算を簡単に行う関数といわれる式がある。計算に使われる四則演算記号は，加算＋，減算－，乗算＊，除算／である。数値や式の入力は，言語バーの入力モードを半角英数にすると効率的である。

事例6　備品管理簿

	A	B	C	D	E	F	G
1				備品管理簿			
2	日付	備品	品数	値段	計	使用期限	使用開始日
3	／				0	／	／
4	／				0	／	／
5	／				0	／	／
6	／				0	／	／
7	／				0	／	／
8	／				0	／	／
9	／				0	／	／
10	／				0	／	／
11	／				0	／	／
12	／				0	／	／
13	／				0	／	／
14	／				0	／	／
15	／				0	／	／
16	／				0	／	／
17	／				0	／	／
18	／				0	／	／
19	／				0	／	／
20		学期		合計	0		

★作成手順および注意事項

1．A1 からデータを入力し，0 が表示されている計および合計の E 列以外は，オートフィルを使い完成させる。E 列には計算式が入っている。

2．品数と値段を掛け算して計を出す。E3 に「＝C3＊D3」とセルをクリックするか，キーボードから入力する。品数と値段にはデータが入っていないため，計算結果は 0 と表示される。データが入力された時点で計算され結果が表示される。

3．E3 をクリックし，オートフィルを使い，E19 まで計算式をコピーする。計算式は，行の単位で下にコピーされるため，E4 には「＝C4＊D4」，E5 には「＝C5＊D5」と順に行番号が調整される。結果を表示するセルと計算式のセルの名前の行番号や列表示が調整されることを相対参照という。

4．合計は，各備品の計の合計である。これを「＝E3＋E4＋E5＋…」と E19 まで足し算を入力することは効率的でない。そこで合計を出す sum 関数を使う。
E20 に「＝sum(e3:e19)」と入力する。アルファベットは大文字でも小文字でもよい。sum は合計を出す関数で，合計を出す範囲の最初と最後のセルの名前の間に：を入れ，（ ）の中に入れる。この式では e3 から e19 までの範囲を合計するという意味である。

5．E3 から E20 まで白十字でドラッグし，〔ホーム〕〈桁区切りスタイル〉 をクリックし，計算結果に 3 桁カンマをつける。

関数

合計を出す関数はよく使用するため，〔ホーム〕〈Σ オート SUM〉というアイコンで登録されている。このアイコンの右の▼をクリックすると，よく使用する関数が表示される。その他の関数をクリックすると，その他の関数が表示される。

アイコンをクリックし関数が入力されると，対象とされる範囲が点滅する点線で囲まれる。範囲が正しければ，Enter キーを押す。正しくなければ，正しい範囲をドラッグして Enter キーを押す。自動で表示される範囲は正しくないこともあるため，正しい範囲で入力した計算式は，オートフィルでコピーすると確実である。

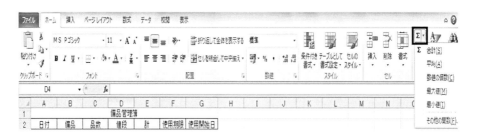

効率的なデータ入力方法
決められた範囲に効率よくデータを入力するには，入力範囲を白十字でドラッグし，データを入力すると，ドラッグした範囲の外に入力されることはない。ただし，カーソル移動キーやマウスを使うと，ドラッグした範囲が消えてしまう。入力するときは，Enter キーを使うと下から右に，Tab キーを使うと右から下に入力個所が移動する。Shift キーを押しながら Enter キーあるいは Tab キーを使うと，逆に移動する。

事例7　見積書・納品書・請求書

　見積書，納品書，請求書は，表題を変更するだけで，同じ形式を使うこともある。

	F11	▼	f_x =IF(COUNT(D11:E11)>0,D11*E11,"")		
	A	B	C	D	E	F
1						年　　　月　　　日
2		殿		見積番号		
3				会社名		
4	納期			部署名		
5	納入場所					
6	お支払い条件					
7	見積有効期限					
8	御見積条件					
9		御　見　積　書				
10	No. 品名		型名	数量	単価	金額
11						
12						
13						
14						
15						
16						
17						
18						
19						
20						
21						
22						
23						
24						
25						
26						
27						
28	小計					0
29	消費税					0
30	合計					0

★作成手順および注意事項

1．罫線の線の種類を変更するには，変更したい範囲をドラッグし，〔ホーム〕〈罫線〉線のスタイルで変更したい線の種類をクリックする。

2．金額 F11 から F27 は，数量と単価を掛け算する計算式を入れるとデータが入力されるまでは 0 が表示される。データが入力されていないところの 0 を消すために，論理関数の IF を使い F11 に「=IF(COUNT(D11:E11)>0,D11＊E11,"")」と入力し，オートフィルで F27 まで計算式をコピーする。この式は，COUNT 関数で D11 から E11 の数を数え 0 以上だったら D11×E11 の結果を表示し，そうでなかったら空白を表示するである。

3．小計 F28 には，金額を合計する関数を入力する。

4．消費税 F29 には，消費税を計算する式「＝ F28 ＊ 0.1」を入力する。

5．合計 F30 には，小計と消費税を足し算する計算式を入力する。

事例8　売上高計算

	B21	▼		fx	=B2*$B11				
	A	B	C	D	E	F	G	H	I
1	上半期月別果物売上量	1月	2月	3月	4月	5月	6月	合計	平均値
2	りんご	5	6	10	15	22	15	73	12.17
3	バナナ	3	8	6	4	12	8	41	6.83
4	みかん	4	5	9	12	7	4	41	6.83
5	さくらんぼ	7	4	3	8	7	3	32	5.33
6	合計	19	23	28	39	48	30	187	31.17
7									
8									
9									
10		単価							
11	りんご	300							
12	バナナ	100							
13	みかん	50							
14	さくらんぼ	200							
15									
16									
17									
18									
19									
20	上半期月別果物売上高	1月	2月	3月	4月	5月	6月	合計	
21	りんご	1500	1800	3000	4500	6600	4500	21900	
22	バナナ	300	800	600	400	1200	800	4100	
23	みかん	200	250	450	600	350	200	2050	
24	さくらんぼ	1400	800	600	1600	1400	600	6400	
25	合計	3400	3650	4650	7100	9550	6100	34450	

★作成手順および注意事項

1．A2 から A5 のデータは，A11 と A21 にコピーする。データ入力後 A2 から A5 まで白十字でドラッグしてコピーをクリックし，A11 をクリックして貼り付けをクリックし，A21 をクリックして Enter キーを押す。貼り付ける先は同じ大きさの必要はなく一番上のセル1つでよい。コピーは，コピー先が1ヵ所のときは Enter キー，複数ヵ所のときは貼り付けを使い最後に Enter キーを押す。最後も貼り付けを使いコピー元の点滅する点線がついたままのときは，Esc キーを押してコピーを解除する。

2．A1，B2 から G5，B10 から B14 は白十字でドラッグし，データを入力する。A20 は A1 をコピーし，量を高に訂正する。「月」，「合計」，「平均値」を入力し，関数を入力する。

3．I2 をクリックし，∑ ▼平均をクリックすると，合計までが点滅する点線で囲まれる。合計を除いた B2 から G2 まで白十字でドラッグし，Enter キーを押す。オートフィルで計算式をコピーする。

4．B21 から G24 までは，売上量と単価を掛け算する計算式を入力する。B21 に「B2 ＊ B11」と入力し，オートフィルを使い右にドラッグすると，C2 ＊ C11 となり正しく計算されない。これは，相対参照機能によるもので，C 列にはデータがないからである。単価は B 列にしか入っていないので，B 列を固定し変化しないようにする。こ

れを複合参照という。複合参照にするためには，列表示や行番号の前に＄をつける。キーボードから入力するか，セルをクリックしてセルの名前が表示されたら，F4キーを押す。1回押すと列表示と行番号の前に，2回押すと行番号の前だけ，3回押すと列表示の前だけに＄がつき，押すごとに繰り返す。B21に「B2＊＄B11」と入力し，B21からオートフィルで右にG21までドラッグし，B21からG21まで太枠で囲まれたまま，オートフィルでG24までドラッグすると，すべての計算式が入力される。列表示と行番号の前に＄をつけて，列も行も固定し変化しないようにすることを絶対参照という。

事例9　摂取食品

	B14	▼	= =COUNTA(B2:B13)		
	A	B	C	D	E	F
1		たんぱく質	糖質	脂質	ビタミン	ミネラル
2	朝		パン	マーガリン	いちご	牛乳
3						
4						
5	昼	ソーセージ	パン	油		
6		豆	マカロニ			
7						
8	夜	牛肉	ごはん	油	ピーマン	わかめ
9		納豆			たまねぎ	
10		みそ			えのき	
11					にんじん	
12					キャベツ	
13						
14	品目数	5	4	3	6	2

★作成手順および注意事項

1. A1からF13までのデータを入力する。
2. A14に「品目数」と入力する。
3. B14に「=COUNTA(B2:B13)」と入力し，オートフィルでF14までコピーする。品目数を数えるために，統計関数のCOUNTAを使い，B2からB13までの空白でないセルの数を数えている。
4. 罫線の種類（格子，外枠太罫線，下二重罫線）を使い，表を完成させる。

　残高の計算は，残高から支出を引く式では，臨時収入があるときに計算できない。そこで，残高に収入を足して，支出を引く式を入力する。

	A	B	C	D	E
1	月日	摘要	収入	支出	残高
2	5/1	先月繰り越し	1,530		
3	5/1	今月給料	160,000		
4	5/3	ハンガー		1,050	
5	5/3	冷蔵庫		19,800	
6	5/4	ストール		5,250	
7	5/4	日傘		5,250	
8	5/7	かぜ薬		870	
9	5/7	パン		198	
10	5/10	家賃		68,000	
11	5/11	母の日花束		3,150	
12	5/11	ビール		720	
13	5/11	ケーキ		1,260	
14	5/11	臨時収入	10,000		
15	5/12	日焼け止め		1,050	
16	5/13	定期		6,380	
17	5/16	ガス		2,255	
18	5/16	趣味の園芸		500	
19	5/16	じゃがいも		168	
20	5/16	にんじん		126	
21	5/16	たまねぎ		198	
22	5/16	カレー粉		275	
23	5/16	豚肉		226	
24	5/18	水道		2,537	
25	5/18	ランチ		1,500	
26	5/20	電気		5,236	
27	5/20	電話		6,982	
28	5/22	バスカード		5,000	
29	5/23	臨時収入	6,000		
30	5/25	結婚祝い		30,000	
31	5/25	タクシー		870	
32	5/31	送別会		5,000	
33		合計			

残高の計算式の考え方

残高（前に残ったお金）
E2　　1,530 円
＋
収入（新しく入ったお金）
C3　160,000 円
↓
今もっているお金
161,530 円

今もっているお金
161,530 円
－
支出（使ったお金）
D3　　　　0 円
↓
残高（残ったお金）
E3　161,530 円

残高（残ったお金）
E3　161,530 円
＋
収入（新しく入ったお金）
C4　　　　0 円
↓
今もっているお金
161,530 円

今もっているお金
161,530 円
－
支出（使ったお金）
D4　　1,050 円
↓
残高（残ったお金）
E4　160,480 円

★作成手順および注意事項

1．A1 の月日から D32 の 5000 までデータを入力する。E1 に「残高」，B33 に「合計」と入力する。

2．E2 に「＝C2 − D2」と入力する。

3．E3 に「＝E2 + C3 − D3」と入力する。

4．E3 の式をオートフィルで E32 までコピーする。

5．C33 に収入を合計する関数を入れ，オートフィルで D33 にコピーする。

6．E33 には，収入と支出の合計を引き算する計算式を入れる。

7．金額には 3 桁カンマをつける。

8．月日から残高までの 1 行目と合計のセルには色をつける。

4.3 データベース機能

データの並べ替えや抽出を行う。

事例 11　出納帳の支出の並べ替え（行方向）

事例 10 出納帳の支出の項目を費目ごとに並べ替えて支出の集計をする。

1．K10 から順に支出の分類コードを入力する。

2．B1 から D32 まで白十字でドラッグしてコピーをクリックし，G1 をクリックして Enter キーを押す。貼り付ける先は同じ大きさの必要はなく左上のセル 1 つでよい。

3．F1 に「コード」と入力し，K10 から K16 の支出の分類コードに従ってコードを入力する。収入は 0 とする。

4．F1 から I32 まで白十字でドラッグし〔データ〕〈並べ替え〉ウィンドウが開く―最優先されるキー▼でコードを選択 OK。

※この並べ替えは，「コード 6 とつけたハンガー 1050 円」という行を 1 つのデータのまとまりとして，上下に並べ替えを行っている。F 列だけを並べ替えることは適切でない。

5．コード順に並べ変わったらそのまま，〔データ〕〈小計〉集計するフィールドが支出にチェックが入っていることを確認し，OK をクリックすると，間に集計行が挿入され，分類コードごとに集計される。

★並べ替えおよび集計の注意事項

1．並べ替えをする前に集計してしまったり，集計した後でコード間違いに気がついたりなど，集計をやり直す必要があるときは，集計されている範囲を白十字でドラッグし，〔データ〕〈小計〉すべて削除をクリックして，集計前に戻す。

2．集計は，集計行つまり，1 集計，2 集計…と表示された行が挿入されて I 列と交差し

たセルに，SUBTOTAL という関数が自動的に入って集計される。

SUBTOTAL（9，I7：I8）の（　）の中の9は，集計に使用する関数を数字で表した SUM で，I7 から I8 の合計を出すという意味である。

3．並べ替えをするときも，集計をするときも，集計をやり直すときもすべて白十字でドラッグする範囲が重要となる。範囲が正しくないと正しい結果は得られない。

4．並べ替えは，〔ホーム〕〈並べ替えとフィルター〉昇順 ↓，降順 ↓を使うこともできるが，白十字でドラッグした範囲の，一番左の列の項目を基準に並べ替えを行う。並べ替えの基準とする項目が2つ以上あるときは，〔データ〕〈並べ替え〉で行う。

事例12　タイピングデータの並べ替え（列方向）

通常は，行を1つのデータのまとまりとして，上下に並べ替えを行うが，列の単位で1つのデータのまとまりが入力されている場合は，左右に並べ替えを行う。

	A	B	C	D	E	F	G	H	I	J	K	L
		B4			fx	=B2-B3						
1	月日	5月11日	5月18日	5月25日	6月1日	6月8日	6月15日	6月22日	6月29日	平均	最大値	最小値
2	総字数	250	280	320	325	309	341	398	400	327.875	400	250
3	誤り数	40	0	3	0	7	1	2	10	7.875	40	0
4	純字数	210	280	317	325	302	340	396	390	320	396	210

★作成手順および注意事項

1．A1 から A4，J1，K1，L1 のデータを入力する。B1 に「5/11」，C1 に「5/18」と入力すると間に月日が入った日付として表示される。1週間おきの日付は，B1 と C1 を白十字でドラッグし，オートフィルで I1 まで右にドラッグする。

2．B2 から I3 まで白十字でドラッグし，タイピングのデータを入力する。

3．B4 に「＝B2－B3」と入力し，オートフィルで I4 まで右にドラッグする。

4．J2，K2，L2 には Σ ▼から平均，最大値，最小値の関数を入力する。点滅する点線の範囲が，B2 から I2 でなければドラッグして範囲を直す。オートフィルでコピーする。行番号をクリックし，総字数の行と純字数の行に色をつける。

5．タイピングデータを追加する時に，J をクリックし列の挿入をすると，日付順にはなるが，関数の範囲やグラフは訂正されない。そこで，日付と日付の間に列の挿入をする。

	A	B	C	D	E	F	G	H	I	J	K	L	M
1	月日	5月11日	5月18日	5月25日	6月1日	6月8日	6月15日	7月6日	6月22日	6月29日	平均	最大値	最小
2	総字数	250	280	320	325	309	341	411	398	400	337.1111	411	
3	誤り数	40	0	3	0	7	1	20	2	10	9.222222	40	
4	純字数	210	280	317	325	302	340	391	396	390	327.8889	396	

6．新たに追加された日付を入力し，データを入力すると関数の範囲が訂正されているため，再計算が行われる。総字数から誤り数を引く計算式はオートフィルでコピーする。

7．B1 から J4 を白十字でドラッグし，〔データ〕〈並べ替え〉オプションをクリックすると，ウィンドウが開く。方向の列単位をクリックし OK をクリック，最優先されるキーを行1に変えて，OK をクリックする。行1には日付が入っているため，日付順に並び変わる。

事例13　タイピングデータの並べ替え（応用）

同じ日に2回行ったタイピングの結果からデータの並べ替えを行う。

1．A1からA4のデータを入力し，B1とC1に「4/8」，D1とE1に「4/15」と入力する。C1とD1を白十字でドラッグし，オートフィルでM1まで右にドラッグする。

2．オートフィルオプションをクリックし，メニューから連続データ（週日単位）をクリックすると，2つずつ同じ日付が入力される。

3．B2からM3まで白十字でドラッグし，タイピングのデータを入力する。

4．B4に「=B2-B3」と入力し，オートフィルでM4まで右にドラッグする。

5．シート見出しのSheet1をダブルクリックし，「全体」と入力する。

6．シート見出しの右にある新しいシートをクリックし，Sheet2は「カバー無」，Sheet3は「カバー有」，Sheet4は「比較」と入力する。

7．同じ日に2回行ったタイピングデータを区別するため，左のタイピングデータに色を付ける。B1からB4をドラッグし，Ctrlキーを押しながらD1からD4，F1からF4，H1からH4，J1からJ4，L1からL4をドラッグし，塗りつぶしの色をクリックする。

8．そのままコピーをクリックすると，色を付けた範囲が点滅する点線で囲まれる。シート見出しカバー有をクリックし，B1をクリックしてEnterキーを押す。ドラッグする範囲を間違えたり，色を付けたあと他のところをクリックすると範囲が解除されるため，B1からB4をドラッグするところからもう1度やり直す。

9．シート見出し全体をクリックし，色の付いていないデータを同じくシート見出しカバー無のB1に貼り付ける。

10．シート見出し全体のA1からA4を白十字でドラッグしコピーをクリックして，シート見出しカバー有とシート見出しカバー無のA1に貼り付ける。

11．シート見出し比較をクリックして，B1に「第01回」と入力し，オートフィルで右に第06回まで入力する。A2に「カバー有」と入力し，A3にオートフィルでコピーして有を無に訂正する。第1回を第01回と入力するのは，並べ替えを行ったときに順番どおりにするためである。

64

12. シート見出しカバー有とシート見出しカバー無の純字数を各々コピーして，シート見出し比較に貼り付ける。
13. タイピングデータの追加を行い，並べ替えを行う。

　データをある条件にしたがって選び出すことをデータの抽出という。バラバラに入力されているデータは，並べ替えでひとまとまりにすることもできるが，並べ替えではできない条件のときやデータ量が多いときに行う。

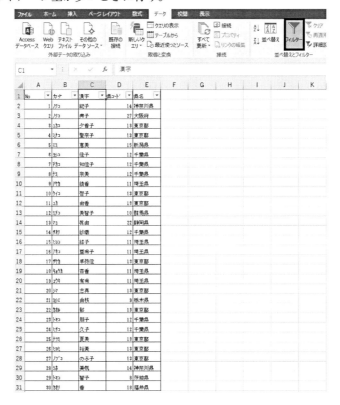

★作成手順および注意事項

データの並べ替え

1．データの並べ替えを行うとき，漢字で並べ替えを行うと漢字コード順になる。そのため，ふりがなを使って五十音順にしたり，コードを使ってある規則順にしたりする。
2．県コードは北から南に順に番号がつけられている。
3．県コード順に並べ替え，そのなかで同じ県の人は名前を五十音順にする場合，〔データ〕〈並べ替え〉最優先されるキー▼をクリックし県コードをクリック，レベルの追加をクリックし，次に優先されるキー▼をクリックしカナをクリック，OK をクリックする。

データの抽出

1．漢字の名前に子がつく人を選び出す。

2．C1をクリックし，〔データ〕〈フィルタ〉
　A1からE1に▼が表示される。漢字の
　右にある▼をクリックするとメニューが
　表示される。テキストフィルタ―指定の
　値に等しい―開いたウィンドウの入力ボ
　ックスをクリックし，「＊」と「子」を入
　力しOKをクリックする。＊や？は，半
　角でなければ抽出できない。

3．？子で子がつく漢字2文字の人，？？子で
　子がつく漢字3文字の人を抽出できる。

4．すべてのデータを表示するにはすべてを
　クリックする。▼を消すには，〔データ〕
　〈フィルタ〉をクリックする。

ウィンドウ枠の固定

　　行，列ともに画面にすべて表示できないような膨大なデータを扱う場合，行や列をスクロ
　ールすると，行や列の見出しが見えなくなり不便である。そこで，スクロールしても動かな
　いように，ウィンドウ枠の固定をする。固定は，行だけ，列だけの固定もできるが，行に氏
　名や日付，列に項目名などが入っている場合，行と列を一緒に固定する。

　　クリックしたセルより上の行および左の列が固定される。したがって，行だけであればA
　列，列だけであれば1行目をクリックし，行列固定であれば，交差したところをクリックする。
　〔表示〕〈ウィンドウ枠の固定〉ウィンドウ枠の固定。

印刷プレビュー

　　印刷前に印刷状態を確認するため，印刷プレビューを行う。表示された用紙からはみ出し
　ている部分を1枚に入れたいような場合に，改ページプレビューを使うと便利である。改ペ
　ージプレビューへようこそというウィンドウが開いたらOKをクリックする。縮小表示に
　なり点線が表示される。この点線をドラッグすることにより，指定の範囲を1枚にすること
　ができる。これは，100％表示では1枚におさまらなかったものをおさめているため縮小印
　刷となる。印刷プレビュー後，ワークシート上に印刷範囲を示す点線が表示されるが，この
　点線は印刷されない。〔表示〕〈改ページプレビュー〉改ページプレビュー表示から元の表示
　に戻すには，〔表示〕〈標準〉。

　　セル幅が狭いと印刷プレビューでは印刷されるようになっていても，印刷されないことが
　ある。印刷して再度確認する。

事例15　名簿の自動表示

　名簿はさまざまな帳票に利用する。その際，1つのシートに名簿を入れておき，別のシー
トの帳票に自動的に表示させることで，名簿が変わっても対応することができる。

	A	B	C	D	E
1	番号	氏名	性別		
2	1	阿部 紀子	女		
3	2	伊藤 典子	女		
4	3	遠藤 夕香子	女		
5	4	宇田川 将	男		
6	5	小川 哲也	男		
7	6	加藤 佳子	女		
8	7	久保 隆弘	男		
9	8	小楢 直哉	男		
10	9	小林 綾香	女		
11	10	佐々木 勇気	男		
12	11	佐々木 由香	女		
13	12	清水 美智子	女		
14	13	城山 巧	男		
15	14	鈴木 紗織	女		
16	15	曽我 絃子	女		
17	16	高嶋 蓮	男		
18	17	田辺 孝則	男		
19	18	津田 吉香	女		
20	19	寺島 健二	男		
21	20	藤堂 志真	女		
22	21	野田 洋也	男		
23	22	原田 明憲	男		
24	23	松本 亮平	男		
25	24	宮崎 久子	女		
26	25	八代 夏美	女		
27	26	矢田 晃	男		
28	27	湯元 のぶ子	女		
29	28	吉川 信正	男		
30	29	輪島 隆志	男		
31	30	和田 香	女		
32					

名簿 / 学級保健簿(表) / 学級保健簿(裏)

B6　＝名簿B2

学級保健簿(表)シート（年　　組　担任名：）

番号	氏名	性別	保健調査	結核	内科 ①栄養状態 ②皮膚 ③胸郭・脊柱 ④心臓検診 ⑤結核	心電図	腎臓検診 一次検診	その他
1	阿部 紀子							
2								
3								
4								
5								
6								
7								
8								
9								
10								
11								
12								
13								
14								
15								
16								
17								
18								
19								
20								
21								
22								
23								
24								
25								
26								
27								
28								
29								
30								

★作成手順および注意事項

1. 名簿は名簿シートに入れておく。
2. 学校保健簿(表)シートのB6をクリックして「＝」を入力し，名簿シートをクリックしてB2をクリックし，Enterキーを押す。B6からオートフィルでB35までコピーする。
3. 学校保健簿(表)シートのC6をクリックして「＝」を入力し，名簿シートをクリックしてC2をクリックし，Enterキーを押す。C6からオートフィルでC35までコピーする。
4. 学校保健簿(表)シートのB6からC35まで白十字でドラッグしてコピーをクリックし，学校保健簿(裏)シートのB6をクリックしてEnterキーを押す。
5. 名簿シートの名簿が入れ替わっても，名簿シートを参照しているため反映される。

4.4 グラフ作成

　グラフ作成は，ワークシート上の列方向あるいは行方向の連続したセルにデータが配置されていることが必要である。

事例16　出納帳支出円グラフ

　事例11で集計した支出をもとに円グラフを作成する。集計行は連続していないため，グラフ作成用にデータを整備する必要がある。

★作成手順および注意事項

1．K12からK18までの支出の分類コードを白十字でドラッグしコピー，L1をクリックし，右クリックで出てきたメニューの形式を選択して貼り付けをクリックすると，ウ

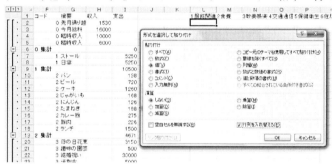

ィンドウが開く。

2．行列を入れ替えるのチェックボックスをクリックし，OK をクリックすると，1つの列に行ごとに入力されていた支出の分類コードが，1つの行に列ごとに入力される。

3．I9 をクリックし，Ctrl キーを押したまま I19，I24，I28，I31，I35，I40 をクリックし，コピーをクリックするとクリックしたセルが点滅する点線で囲まれる。画面に表示されていないセルを表示させるために，Ctrl キーを押したままホイールを動かすと，ワークシートの縮尺が変わるため，スクロールバーを使うか，Ctrl キーを押さずにホイールを動かす。I9 をクリックするときから Ctrl キーを押していたり，クリックするセルをまちがえたりすると，正しい範囲指定とならないため，I9 をクリックするところからやり直す。

4．L2 を右クリックし，出てきたメニューの形式を選択して貼り付けをクリックして開いたウィンドウの値，行列を入れ替えるをクリックして OK をクリックする。値は計算結果だけという意味のため，値をクリックしないと正しい結果は得られない。

5．K2 に「支出の構成比」と入力する。この位置に入力したものが円グラフのタイトルとして自動的に入力される。

6．K1 から R2 まで白十字でドラッグし，〔挿入〕〈円〉―円でグラフが表示される。

7．表示されたグラフの周りに○が表示されている時は，グラフが選択されている状態のため，○にマウスポインタを合わせドラッグして大きさを調節したり，グラフの白い部分に白矢印を合わせドラッグしてグラフの位置を移動させたりできる。

8．グラフの大きさを調節する際，プロットエリアは大きさに合わせて自動調整されるが，凡例は調整されないため，小さくしすぎると表示されない凡例が出てくる。

9．グラフの調節が終了したらワークシート上をクリックすると，○は消える。

事例17　摂取食品円グラフ

　事例9の品目数をもとに円グラフを作成する。1行目と14行目をドラッグして，グラフ作成することはできるが，複合参照の復習のため，グラフ作成用にデータを整備する。

★作成手順および注意事項

1．B1からF1まで白十字でドラッグしコピー，G2をクリックし，右クリックで出てきたメニューの形式を選択して貼り付けをクリックして，行列を入れ替えるのチェックボックスをクリックし，OKをクリックする。

2．A14をクリックしコピー，H1をクリックしEnterキーを押す。

3．H2に「＝counta(」と入力し，B2からB13をドラッグしてF4キーを2回押し，行番号の前に＄をつけ，「)」を入力してEnterキーを押す。オートフィルでコピーしたときに，相対参照により行番号が調整されないように，＄をつけ複合参照とする。

	H2	▼	= =COUNTA(B$2:B$13)
	G	H	I	J
1		品目数		
2	たんぱく質	5		
3	糖質	4		
4	脂質	3		
5	ビタミン	6		
6	ミネラル	2		
7	合計	20		

4．H2をクリックし，オートフィルでH6までコピーする。同じ列を行の単位でコピーしているため，相対参照で列表示は調整されない。H3はC，H4はD，H5はE，H6はFに列表示を入れ直す。直接文字を入れ直すか，数式バーをクリックすると出てくる，青い枠を白矢印でドラッグしてEnterキーを押すことで入れ直す。青い枠をドラッグしているときに，行がずれないよう気をつける。

5．G7に「合計」と入力し，H7に関数を入力する。

6．G1からH6まで白十字でドラッグし，〔挿入〕＜円＞－円でグラフが表示される。

7．グラフタイトルに「品目数」と表示されるがこれを消して，「摂取食品構成比」と入力する。凡例を表示しない場合は，凡例をクリックしDeleteキーで削除するか，〔グラフ要素を追加〕＜凡例＞なしにする。〔グラフ要素を追加〕＜データラベル＞その他のデータラベルオプション－書式設定が開く－ラベルの内容の分類名とパーセンテージにチェックを入れ，ラベルの位置－外部にする。グラフの大きさや位置を調節する。

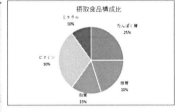

事例 18　売上量棒グラフ

事例8売上高計算の売上量をもとに棒グラフを作成する。

★作成手順および注意事項

1. A1からG5まで白十字でドラッグし，〔挿入〕＜縦棒＞－集合縦棒でグラフが表示される。

2. 棒グラフではタイトルは自動的に表示されないため，グラフの上でグラフタイトルを入力する。縦（値）軸は単位がわからないため〔デザイン〕＜グラフ要素を追加＞－軸ラベル－第1縦軸をクリックし，縦（値）軸ラベルを表示する。〔書式〕選択対象の書式設定－右に展開された軸ラベルの書式設定のサイズとプロパティをクリックし，文字列の方向－横書きをクリックする。軸ラベルという文字を消して入力する。マウスポインタの白矢印の先に上下左右の黒矢印が出たら，枠に合わせて上にドラッグする。必要に応じてプロットエリアを広げる。

3. オブジェクトとして完成したグラフをクリックし，〔デザイン〕＜グラフの移動＞－新しいシート－OKをクリックするとGraph1というグラフシートが挿入される。

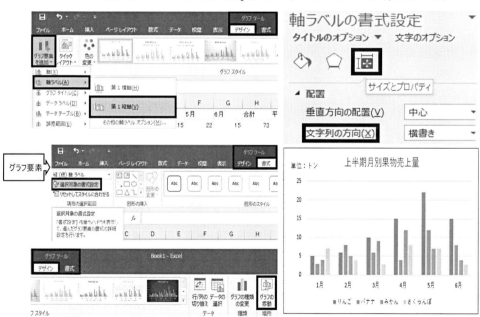

70

事例19　タイピングデータ線グラフ

事例12のタイピングデータをもとに線グラフを作成する。

★作成手順および注意事項

1．A1からJ4まで白十字でドラッグし，〔挿入〕＜折れ線＞－マーカー付き折れ線をクリックする。
2．総字数と純字数の開きが誤り数であるため，〔デザイン〕＜データの選択＞－誤り数－削除－OKをクリックする。
3．グラフの上でグラフタイトルを入力する。横（項目）軸は日付であることがわかるため，軸ラベルは入力しない。縦（値）軸は単位がわからないため〔デザイン〕＜グラフ要素を追加＞－軸ラベル－第1縦軸をクリックし，縦（値）軸ラベルを表示する。〔書式〕選択対象の書式設定－右に展開された軸ラベルの書式設定のサイズとプロパティをクリックし，文字列の方向－横書きをクリックする。配置を整え，ラベル名を入力する。必要に応じてプロットエリアを広げる。
4．下にある凡例を上に表示するため，凡例をクリックすると表示される書式設定で位置を上にする。
5．グラフの大きさを大きくすると横軸の間隔が1週間おきにならない場合，グラフ要素の横（項目）軸を選択し，選択対象の書式設定－右に展開された軸の書式設定の軸のオプションで目盛を7にしてエンターキーを押す。

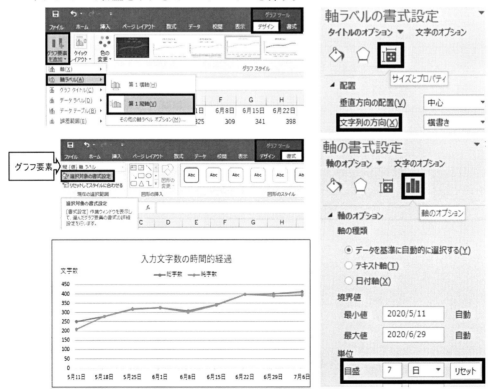

事例 20　肥満の目安グラフ

　グラフを作成するときのデータの入れ方は，連続したセルにデータが配置されていれば，離れた行あるいは列であってもグラフ作成できる。たとえば，以下のグラフを作成する場合，離れた列のデータをグラフにする方法を説明するため，あえて間に空白列を入れているが，この列がなければ上の表と下の表は，身長が行に入っているか列に入っているかの違いで，同じグラフが作成される。

	100	110	120	130	140	150	160	170	180
やせの境	14	16	19	22.5	27.5	34	40	47.5	51.5
ふつうの境	16.5	18	21.5	25	30.5	37.5	45	54	59.5
肥満の境	19	22	25.5	31	38	45.5	55	65	72
高度肥満の境	24	25	30	36	45	55	65	77	85

	A	B	C	D	E	F	G	H	I	J
1		高度やせ	やせの境	やせ	ふつうの境	ふつう	肥満の境	肥満	高度肥満の境	高度肥満
2	100		14		16.5		19		24	
3	110		16		18		22		25	
4	120		19		21.5		25.5		30	
5	130		22.5		25		31		36	
6	140		27.5		30.5		38		45	
7	150		34		37.5		45.5		55	
8	160		40		45		55		65	
9	170		47.5		54		65		77	
10	180		51.5		59.5		72		85	

★作成手順および注意事項

1．A列に身長を入力する。1行目に各々の文字列を入力する。C列，E列，G列，I列に体重のデータを入力する。

2．A1からA10までを白十字でドラッグし，Ctrlキーを押しながらC1からC10，E1からE10，G1からG10，I1からI10をドラッグし，〔挿入〕＜折れ線＞－折れ線。

3．A1に身長と入力していると，A列のデータが数値データのためグラフデータとなる。

4．グラフタイトルと凡例は Delete で削除する。〔デザイン〕＜グラフ要素を追加＞－軸ラベル－第1横軸，第1縦軸をクリックし，横（項目）軸，縦（値）軸ラベルを表示する。縦（値）軸ラベルは〔書式〕＜選択対象の書式設定＞－右に展開された軸ラベ

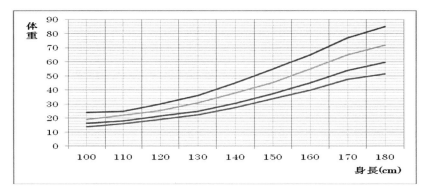

ルの書式設定のサイズとプロパティをクリックし，文字列の方向－縦書きをクリック
する。配置を整え，ラベル名を入力する。目盛線は＜グラフ要素を追加＞－目盛線－
第1主横軸，第1主縦軸，第1補助横軸，第1補助縦軸をクリックして表示する。

5．横（項目）軸を100からは始まるようにするためには，〔書式〕＜選択対象の書式設定＞
－横（項目）軸－軸の書式設定－軸のオプション－軸位置－目盛。

6．目盛の間隔を変えるには，〔書式〕＜選択対象の書式設定＞－縦（値）軸－軸の書式設
定－軸のオプション－最小値10，補助目盛5とし，エンターキーを押す。

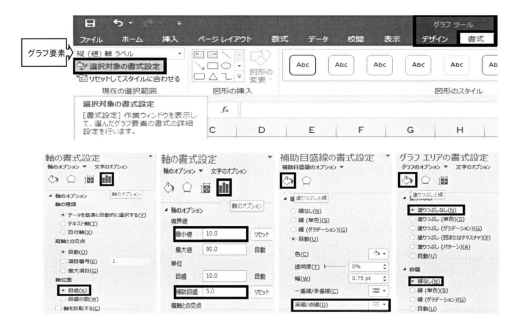

7．〔書式〕＜選択対象の書式設定＞－第1補助横軸・第1補助縦軸－補助目盛線の書式設
定－塗りつぶしと線－実線／点線▼－点線をクリックすると補助目盛線が点線になる。

8．〔書式〕＜グラフ要素＞▼－グラフエリア－＜選択対象の書式設定＞－右に展開された
書式設定－塗りつぶしと線－枠線－線なしとするとグラフの周りの線がなくなる。塗
りつぶし－塗りつぶしなしとするとグラフエリア，プロットエリアの色がなくなる。

9. 体重の単位はテキストボックス，高度肥満などの文字はワードアートで作成するが，グラフをクリックし，グラフの上で作成する。ワークシート上で作成し，移動させてもグラフに作成したことにならない。

10. ワードアートは〔挿入〕＜ワードアート＞で挿入し文字を入力後，〔書式〕＜ワードアートスタイル＞－文字の効果－変形－右上がり1で形状を斜めにし，大きさを調整して配置する。

11. 1つ作成したら，残りの文字は，Ctrlを押しながらドラッグしコピーして，文字を訂正する。

4.5 比較・判断

比較・判断を行うときには，関数を使う。

事例21　アンケートの集計

20名の人に牛乳の好き嫌いをはい，いいえで，牛乳を飲んだときにおなかをこわした経験を1いつも，2ときどき，3どちらともいえない，4ないと思う，5まったくないの5段階で答えてもらったとする。このデータから，はい，いいえのデータの集計，5段階のデータの集計，およびはい，いいえのデータと5段階のデータ，つまり牛乳の好き嫌いとおなかをこわした経験のクロス集計を行う。

	A	B	C
1		1	2
2	1	いいえ	4
3	2	はい	5
4	3	はい	3
5	4	いいえ	2
6	5	いいえ	2
7	6	はい	4
8	7	いいえ	3
9	8	はい	3
10	9	はい	4
11	10	いいえ	1
12	11	はい	4
13	12	はい	2
14	13	いいえ	2
15	14	いいえ	4
16	15	いいえ	1
17	16	いいえ	1
18	17	いいえ	2
19	18	はい	3
20	19	はい	4
21	20	はい	5
22	はい、1	10	2
23	いいえ、2	10	5
24	3		5
25	4		6
26	5		2

★作成手順および注意事項

1. A列，B列，C列にデータを入力する。

<u>はい，いいえのデータの集計</u>

2. 統計関数のCOUNTIFを使い，B22に「=COUNTIF(B$2:B$21,"はい")」と入力し，オートフィルでB23に計算式をコピーし，はいをいいえにする。この式は，指定した範囲にある"はい"を数えるである。式をオートフィルでコピーしたときに，相対参照で行番号が繰り下がるため，行番号の前に$を入れ，複合参照とする。また，文字列は"で囲む。

<u>5段階のデータの集計</u>

3. B22をオートフィルでC22にコピーすると，相対参照でBからCに列表示が変わる。"はい"を1にする。C22をオートフィルでC26までコピーし，1をC23は2に，C24は3に，C25は4に，C26は5にする。

※はい，いいえのデータの集計と5段階のデータの集計をすることは，クロス集計が正しく行われているかどうかの目安となる。完成されたクロス集計表の総計と合っていれば，クロス集計は正しく行われている。

クロス集計

4. クロス集計にはピボットテーブルを使う。A1からC21まで白十字でドラッグし，〔挿入〕－＜ピボットテーブル＞－ウィンドウが開く－既存のワークシートをクリックし，E5と入力してOKをクリックするとピボットテーブルのフィールドリストが右に表示される。

5. フィールドリストの1を列ラベルにドラッグし，フィールドリストの2を行ラベルにドラッグし，フィールドリストの1をΣ値にドラッグすると，E5のセルからピボットテーブルが作成され，クロス集計表が完成する。ドラッグするデータをまちがえると違うクロス集計表となるため，元になるデータの集計で確認する。

事例 22　健康管理表

　身体測定で計測される身長，体重，座高などを管理する表を作成する。列には，3学期制であれば，4月，9月，1月の身長，体重，4月だけ座高を入力し，標準体重，肥満度，判定は計算式を使って表示する。身長，体重は，今回の計測値から前回の計測値を引いて増減を出し，最後1月の計測値から最初4月の計測値を引いて年間の増減を出す。座高は，学年当初の計測値から前年の計測値を引いて増減を出す。これを学年ごとに繰り返し，6年間の発育量を出す。行には，1年から6年までの男子の所属氏名を入力し，女子は別のワークシートにする。行列ともに6年間のデータの入力範囲は，すべてを画面表示できない。そこで，入力範囲全体の概観をつかむため，簡単な略図を示す。年度で見たときには，グレーになっているところが当該箇所であり，個人で見たときには，グレーになっているところより左にデータが入っていることになる。

　実際のデータはないため，ここでは標準体重，肥満度，判定の計算式および注意事項について説明する。また，座高測定は廃止されたがセル参照の注意喚起のためこのままとする。

★作成手順および注意事項

1．F列，G列にデータを入力し，L列，M列にコピーする。

2．標準体重は，身長別標準体重を求める計算式に使う係数をSheet2に入力する（『児童生徒の健康診断マニュアル（改訂版）』（平成28年3月，財団法人日本学校保健会，文部科学省監修）で示された肥満度の算定方法による）。

	A	B	C	D	E	F	G
1	年齢	男子			年齢	女子	
2		a	b			a	b
3	5	0.386	23.699		5	0.377	22.75
4	6	0.461	32.382		6	0.458	32.079
5	7	0.513	38.878		7	0.508	38.367
6	8	0.592	48.804		8	0.561	45.006
7	9	0.687	61.39		9	0.652	56.992
8	10	0.752	70.461		10	0.73	68.091
9	11	0.782	75.106		11	0.803	78.846
10	12	0.783	75.642		12	0.796	76.934
11	13	0.815	81.348		13	0.655	54.234
12	14	0.832	83.695		14	0.594	43.264
13	15	0.766	70.989		15	0.56	37.002
14	16	0.656	51.822		16	0.578	39.057
15	17	0.672	53.642		17	0.598	42.339

標準体重係数

3．シート見出しをSheet2から標準体重係数にし，Sheet1から（男）にする。

4．身長別標準体重を求める計算式は，係数a×実測身長（cm）−係数bである。

5．（男）のシートでI4をクリックして「＝」を入力し，標準体重係数のシートをクリックしてB4をクリックし，F4キーを押して列表示，行番号の前に＄をつける。「＊」を入力して（男）のシートをクリックし「f4 −」と入力して，標準体重係数のシートをクリックしC4をクリックして，F4キーを押し列表示，行番号の前に＄をつけEnterキーを押す。I4からオートフィルでI16までコピーする。

6．肥満度を求める計算式は，（実測体重（kg）−標準体重）÷標準体重×100である。

7．（男）のシートでJ4をクリックし，「＝(G4−I4)/I4 ＊ 100」と入力し，オートフィルでJ16までコピーする。

8．判定を表示する計算式は，論理関数のIFを使う。（男）のシートでK4をクリックし，「＝IF(J4>=50,"高度肥満",IF(J4>=30,"中度肥満",IF(J4>=20,"軽度肥満",IF(J4<=-30,"高度やせ",IF(J4<=-20,"やせ","")))))」と入力し，オートフィルでK16までコピーする。この式は，肥満度が50以上だったら高度肥満，30以上だったら中度肥満，20以上だったら軽度肥満，-30以下だったら高度やせ，-20以下だったらやせと表示するである。

9．この判定結果を見ると，J8は-20なのにやせと表示されず，J9とJ10は同じ20なのに表示なしと軽度肥満である。J11とJ12も同じことがいえる。これは肥満度の計算結果の小数点以下が四捨五入されるためである。そこで，ROUNDDOWN関数を使い，小数点以下を切り捨てる。

10．標準体重，肥満度，判定の計算式は，コピーして使うため，I4からK16まで白十字でドラッグしコピー，N4に貼り付ける。相対参照により調整されたセルが違うため，＃VALUE!と表示される。

11．N4をクリックし，K4となっているセルの名前をL4にし，Enterキーを押す。N4

76

からオートフィルでN16までコピーする。

12. 肥満度がすべて629と表示されるため，O4をクリックし，L4となっているセルの名前をM4にし，Enterキーを押す。

13. O4をクリックし，数式バーに表示された「=(M4 − N4)/N4 * 100」の = と (の間をクリックし，「rounddown (」と入力し，100の後ろをクリックし「,0)」と入力すると，小数点以下を切り捨てるという意味になる。「=ROUNDDOWN((M4 − N4) * 100,0)」と入力されたことを確認し，オートフィルでO16までコピーする。

	E	F	G	H	I	J	K	L	M	N	O	P	Q	R	S
		1年	1年	1年		1年		1年	1年		1年		1年	1年	1年
2	名前		4月												
3		身長	体重	座高	標準体重	肥満度	判定	9月身長	9月体重	標準体重	肥満度	判定	9-4身長	9-4体重	1月身
4		100.0	9.5	66.7	13.7	-31	高度やせ	100.0	9.5	13.7	-30	高度のやせ			
5		100.0	9.6	82.6	13.7	-30	高度やせ	100.0	9.6	13.7	-30	高度のやせ			
6		100.0	9.7	84.1	13.7	-29	やせ	100.0	9.7	13.7	-29	やせ			
7		100.0	10.9	64.5	13.7	-21	やせ	100.0	10.9	13.7	-20	やせ			
8		100.0	11.0	64.3	13.7	-20		100.0	11.0	13.7	-19				
9		100.0	16.4	83.8	13.7	20		100.0	16.4	13.7	19				
10		100.0	16.5	64.4	13.7	20	軽度肥満	100.0	16.5	13.7	20	軽度肥満			
11		100.0	17.8	87.7	13.7	30	軽度肥満	100.0	17.8	13.7	29	軽度肥満			
12		100.0	17.9	64.4	13.7	30	中度肥満	100.0	17.9	13.7	30	中度肥満			
13		100.0	18.0	70.5	13.7	31	中度肥満	100.0	18.0	13.7	31	中度肥満			
14		100.0	20.5	63.2	13.7	49	中度肥満	100.0	20.5	13.7	49	中度肥満			
15		100.0	20.6	81.9	13.7	50	高度肥満	100.0	20.6	13.7	50	高度肥満			
16		100.0	20.7	83.3	13.7	51	高度肥満	100.0	20.7	13.7	50	高度肥満			
17							高度やせ	2							
18							やせ	2							
19							高度肥満	2							
20							中度肥満	3							
21							軽度肥満	2							

※正しく入力された計算式をコピーして使うときでも，行や列の間隔によっては，相対参照が正しいセル参照とならないことがあるため，計算結果が正しいかどうかは，計算式から判断し，常に確認する必要がある。また，罫線やセルに色をつけることによって，見やすさばかりでなく，まちがいを防ぐこともできる。

14. (男)のシートが完成したらCtrlキーを押しながらシート見出しの(男)を右にドラッグし，シートをコピーしてシート見出しを(女)にし，参照セルを調整する。

事例23 定期健康診断集計表

定期健康診断は6月30日までに行うものであるため，事例22健康管理表の4月の結果から高度やせ，やせ，高度肥満，中度肥満，軽度肥満を表示する。

★作成手順および注意事項

1. 事例22健康管理表の(男)のシートで，高度やせ，やせ，高度肥満，中度肥満，軽度肥満の集計をする。K17をクリックし，「=COUNTIF($K$4:$K$16,"高度やせ")」と入

力し，オートフィルでK21までコピーする。高度やせをK18はやせに，K19は高度肥満に，K20は中度肥満に，K21は軽度肥満にする。

2．Sheet3のシート見出しを「集計表」にして項目を入力し，D9をクリックして「＝」を入力し，（男）のシートをクリックしK17をクリックしてEnterキーを押す。オートフィルでD10にコピーする。

3．D12をクリックし，「＝」を入力して（男）のシートをクリックしK19をクリックしてEnterキーを押す。オートフィルでD14までコピーする。

4．同じことを女子についても行う。

	A	B	C	D	E	F	G	H	I	J	K	L	M	N	O	P	Q
1							令和〇年度　小学校定期健康診断集計表〈学校用〉										
2	定期健康診断結果表																
3	学校名				校長名				担当者名								
4																	
5							男　子							女　子			
6					1年	2年	3年	4年	5年	6年	計	1年	2年	3年	4年	5年	6年	計
7	在籍者総数																
8			(1)やせ傾向														
9			高度やせ														
10			やせ														
11	栄養状態		(2)肥満傾向														
12			高度肥満														
13			中度肥満														
14			軽度肥満														
15	脊柱・胸郭		(1)脊柱側わん症・脊柱異常														
16			(2)胸郭異常														
17		裸眼	(1)1.0以上														
18			(2)1.0未満0.7以上														
19			(3)0.7未満0.3以上														
20	視力		(4)0.3未満														
21		矯正	(1)1.0以上														
22			(2)1.0未満0.7以上														
23			(3)0.7未満0.3以上														
24			(4)0.3未満														
25			(1)伝染性眼疾患														
26	眼疾患		(2)アレルギー性眼疾患														
27			(3)その他の眼疾患														
28	聴力		難聴														
29			(1)耳疾患														
30	耳鼻咽頭疾患		(2)アレルギー性耳疾患														
31			(3)その他の鼻・副鼻腔疾患														
32			(4)咽喉頭疾患														
33	皮膚疾患		(1)伝染性皮膚疾患														
34			(2)アレルギー性皮膚疾患														
35			(1)結核患者														
36	結核		(2)要検討者														
37			(3)精密検査対象者														
38	心臓		(1)心臓疾患														
39			(2)心電図異常														
40			(1)尿蛋白検出														
41	尿検査		(2)尿糖検出														
42			(3)尿潜血検出														
43																	

事例24 成績処理

	A	B	C	D	E	F	G	H	I	J	K	L	M	N
1	1学期成績													
2	出席番号	氏名	国語	社会	英語	算数	理科	音楽	図工	家庭	体育	合計	順位	判定
3	1		88	66	38	60	45	20	30	72	72			
4	2		69	71	59	42	93	63	10	71	79			
5	3		70	91	75	66	81	80	67	64	54			
6	4		67	74	73	45	77	33	48	69	50			
7	5		87	85	75	61	83	68	75	43	69			
8	6		48	68	89	70	70	63	68	26	63			
9	7		75	59	77	80	70	59	35	88	88			
10	8		69	59	67	88	80	51	75	69	78			
11	9		87	37	54	37	62	57	75	70	71			
12	10		45	68	70	66	73	51	65	67	78			
13	11		62	73	78	35	58	76	63	87	67			
14	12		65	24	72	74	70	72	48	48	77			
15	13		67	72	44	76	67	66	59	75	59			
16	14		18	70	80	84	80	69	55	69	75			
17	15		73	67	66	85	76	72	51	87	73			
18	16		61	59	73	67	68	68	73	45	75			
19	17		73	67	86	56	76	69	59	62	89			
20	18		39	53	74	78	62	68	58	65	77			
21	19		83	85	79	74	74	56	6	67	67			
22	20		19	19	74	78	39	47	53	18	54			
23	21		64	84	79	77	77	67	58	73	70			
24	22		70	76	74	87	47	48	66	61	78			
25	23		85	69	85	87	73	63	43	73	72			
26	24		72	34	79	92	60	60	93	39	44			
27	25		79	45	45	85	86	59	49	83	80			
28	26		54	56	77	64	81	51	76	7	66			
29	27		50	77	34	82	73	10	74	19	73			
30	28		69	31	97	77	83	54	57	64	86			
31	29		63	78	88	65	94	51	68	70	74			
32	30		88	67	60	60	61	46	70	85	79			
33		合計											良い	
34		平均											もう少し	
35		最大値												
36		最小値												
37														
38														
39														
40														

名簿 / 1学期 / Sheet3 /

★作成手順および注意事項

1. 名簿は名簿シートに入れておく。

2. 1学期シートのB3をクリックして「=」を入力し，名簿シートをクリックしてB2をクリックし，Enterキーを押す。B3からオートフィルでB32までコピーする。

3. 合計，平均，最大値，最小値は，Σ▼から関数を入力する。点滅する点線の範囲が，C3からC32でなければドラッグして範囲を直す。オートフィルでコピーする。

4. 順位は，RANK関数を使う。M3をクリックし，Σ▼からRANK関数を選ぶ。数値欄をクリックし，L3をクリックする。参照欄をクリックし，L3からL32をドラッグし，F4キーを押すか，$を入力して，L$3とL$32とする。これはオートフィルでコピーしたときに，相対参照により行番号が調整されないように，$をつけ複合参照とするためである。順序欄は省略すると降順(大きい順)になる。合計得点(L3からL32)の中で，大きい方から何番目になるかという順位である。M3に「=RANK(L3,L$3:L$32)」と入力し，オートフィルでM32までコピーする。

5. 判定は，IF関数を使う。N3をクリックし，Σ▼からIF関数を選ぶ。論理式欄にL3>=500と入力する。真の場合欄に"良い"，偽の場合欄に"もう少し"と入力する。合計得点が500点以上だったら「良い」，500点未満だったら「もう少し」と表示する。N3に「=IF(L3>=500,"良い","もう少し")」と入力し，オートフィルでN32までコピーする。

6. 判定「良い」と「もう少し」の人数を数えるため，COUNTIF関数を使う。N33をクリックし，Σ▼からCOUNTIF関数を選ぶ。範囲欄をクリックし，N3からN32をドラッグし，検索条件欄をクリックし，M33をクリックする。N34にオートフィルでコピーしたときに，複合参照にしておかないと，行番号が調整され，正しい結果が得られない。N33に「=COUNTIF(N$3:N$32,M33)」と入力し，オートフィルでN34にコピーする。

事例25 個人成績

	国語	社会	英語	算数	理科	音楽	図工	家庭	体育	合計	順位
本人	88	66	38	60	45	20	30	72	72	491	29
平均	65.3	62.8	70.7	69.9	71.3	57.2	57.6	61.2	71.2	587.3	

個人成績　出席番号　　1番　　氏名　阿部 紀子

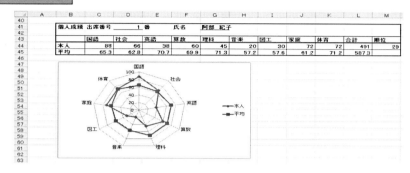

★作成手順および注意事項

1．B41，C41，E41，F41のデータを入力する。D41，G41のセルに下罫線を引く。

2．D41に出席番号を入力すると，G41に氏名が表示されるようにするために，G41に「＝VLOOKUP（$D$41,$A$2:$M$32,2）」と直接入力するか，G41をクリックし，Σ▼からVLOOKUP関数を選び，検索値欄をクリックし，D41をクリックし，F4キーを押す。範囲欄をクリックし，A2からM32をドラッグし，F4キーを押す。これは，コピーしたときに，相対参照により列表示や行番号が調整されないように，$をつけ絶対参照とするためである。列番号には，範囲で指定した列の左から何列目を表示させたいか数字を入力する。検索方法は省略する。

3．C44にG41の式をコピーし，列番号を2から3に直す。C44からオートフィルでM44までコピーし，列番号を各々直す。オートフィル機能で，列番号は調整されない。

4．C45をクリックして「＝」を入力し，C34をクリックし，Enterキーを押す。C45からオートフィルでL45までコピーする。

5．B43からK45まで白十字でドラッグし，〔挿入〕＜レーダーチャート＞－レーダーでグラフが表示される。軸が白色のため表示されない。表示するには，軸の線の色を白以外にし，一旦別のグラフを選んで，レーダーに戻すと表示される。

事例26 年間成績

★作成手順および注意事項

1．1学期シート見出しをクリックし，Ctrlキーを押しながら，クリックして＋の形が出たら，右にドラッグし，マウスから手を離すとシートがコピーされる。それを繰り返し，シートを3枚コピーする。各々のシート見出しを2学期，3学期，年間と直す。年間シートの点数を削除する。

2．年間シートのC3をクリックし，Σ▼から合計を選び，1学期シートのC3をクリックし，Shiftキーを押しながら，3学期シートをクリックし，Enterキーを押す。＝SUM（'1学期：3学期 '!C3）と式が入力され，1学期から3学期の合計が表示される。合計が表示されない場合は，年間シートのC3をクリックし，Σ▼から合計を選び，1学期シートをクリック→C3をクリック→「，」をクリックし，2学期シートをクリック→C3をクリック→「，」をクリックし，3学期シートをクリック→C3をクリックし，Enterキーを押す。

3．年間シートのC3をクリックし，オートフィルで右にK3までコピーし，一旦手を離し，C3からK3まで太枠で囲まれたまま，もう1度オートフィルで下にK32までコピーするとすべての計算式が入力される。

問 題 1

事例2の続きの行事予定を作成しなさい。

	7月		8月	9月		10月		11月		12月		1月		2月		3月
1	年間行事予定表															
2																
3	月	職員集会	木		日		火		金		日		水	元旦	土		土
4	火		金		月	避難訓練	水		土		月	職員集会	木		日		日
5	水		土		火		木	職員集会	日	文化の日	火		金		月	職員集会	月	職員集会
6	木	職員集会	日		水		金		月	振替休日	水		土		火		火
7	金		月		木	職員集会	土	運動会	火		木	職員集会	日		水		水
8	土		火		金		日		水		金		月	職員集会	木	職員集会	木	職員集会
9	日		水		土		月	振替休日	木	職員集会	土		火	始業式	金		金
10	月	職員集会	木		日		火		金		日		水		土		土
11	火		金		月	職員集会	水		土		月	職員集会	木	職員集会	日	職員集会	日	職員集会
12	水		土		火	6年生修学旅行	木	職員集会	日		火		金		月	建国記念日	火	
13	木	職員集会	日		水	6年生修学旅行	金		月	職員集会	水	お楽しみ給食	土		火		水
14	金		月		木	職員集会	土		火		木	職員集会	日		水		木
15	土		火		金		日		水		金		月	成人の日	木	職員集会	金	職員集会
16	日		水		土		月	体育の日	木	職員集会	土		火		金		土
17	月	海の日	木		日		火		金		日		水		土		日
18	火		金		月	敬老の日	水		土		月	職員集会	木		日		月
19	水	職員集会	土		火		木	職員集会	日		火		金		月	職員集会	火	職員集会
20	木		日		水	秋の遠足	金		月	職員集会	水		土		火		水
21	金	終業式	月		木	職員集会	土		火		木	職員集会	日		水		木	職員集会
22	土		火		金		日		水		金	終業式	月	職員集会	木		金	春分の日
23	日		水		土		月	職員集会	木	職員集会	土		火		土		土
24	月	職員集会	木		日		火		金		日		水		土		日
25	火		金		月	秋分の日	水		土	勤労感謝の日	月	天皇誕生日	水	職員集会	日		月
26	水		土		火		木	職員集会	日		月	職員集会	金		月	職員集会	月	職員集会
27	木	職員集会	日		水		金		月	職員集会	火		土		火		火	卒業式
28	金		月		木	職員集会	土		火		水	職員集会	日		水	修了式		
29	土		火		金		日		水		木		月	職員集会	木	職員集会	木	職員集会
30	日		水		土		月	職員集会	木	職員集会	金		火		金		金
31	月	職員集会	木		日	5年生キャンプ	火		金		日		水	職員集会			土
32	火		金		月	職員集会	水	5年生キャンプ	土		月		木				日
33	水		土		火		木	職員集会			火						月

問 題 2

事例8の上半期月別果物売上高から横棒グラフを作成しなさい。

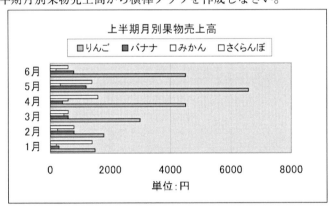

問 題 3

事例14のデータベースを使って、名前の最後に美しいという字がつく人を抽出しなさい。

	A	B	C	D	E
1	No ▼	カナ ▼	漢字 ▼	県コード ▼	県名 ▼
6	5	エミ	恵美	15	新潟県
9	8	ナミ	奈美	12	千葉県
26	25	ナツミ	夏美	13	東京都
27	26	ヒロミ	裕美	13	東京都

第5章 プレゼンテーション用ソフトの活用

　プレゼンテーション用ソフトの活用として，「PowerPoint」について説明している。PowerPoint は，プレゼンテーション用の資料を作成することと，プレゼンテーションをすることができる。PowerPoint は，スライドというものを使って紙芝居を作成するようなものである。最近では，企業の面接などで，自己紹介を PowerPoint で作成するよう指定されることもある。

　作成手順および注意事項は，新たに必要となる機能を中心として説明した。画像などの挿入は，第 1 章 1. 11 を参照する。操作の仕方は，「タブ」は，〔　〕で表し，「タブ」をクリックして表示される機能は，〈　〉で表す。その先の機能は，－でつないでいる。また，機能選択の仕方は，クリックしないと表示されない場合と，マウスポインタを合わせただけで表示される場合がある。

図 5-1　PowerPoint 画面構成（標準表示）

　PowerPointを起動し，〔デザイン〕をクリックすると，上にデザインテンプレートが表示され，図 5-1 のようになる。起動時に表示されるスライドが表紙のスライドである。スライドの 1 枚目は表紙の役目をもち，他のスライドとは区別される。2 枚目以降のスライドを出すには，〔ホーム〕〈新しいスライド〉をクリックするか，左に表示されているスライドタブのスライドをクリックし，Enter キーを押す。「…を入力」と表示されている枠をプレースホルダという。文字入力が確定すると枠線は表示されなくなる。文字を訂正したり，追加するときは，文字をクリックすると枠線が表示される。プレースホルダを移動するには，枠線にマウスポインタを合わせドラッグする。プレースホルダを広げるには，枠線上の○をドラッグする。プレースホルダを削除するには，枠線をクリックして Delete キーを押す。プレースホルダを追加するには，テキストボックスを使う。コンテンツの入るプレースホルダ内をクリックして画像を入れるとプレースホルダが消える。

5.1 スライドの作成

事例1 自己紹介

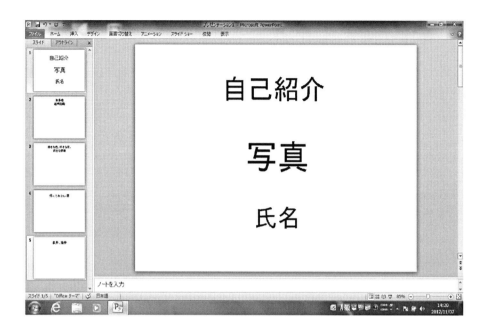

1．スライドを5枚挿入し，スライドのデザインを選びクリックする。
2．1枚目のスライドには，写真を挿入し，氏名はワードアートで入力する。
3．2枚目のスライドでは，出身地を紹介し，通学経路を入力する。
4．3枚目のスライドだけ，スライドの色を好きな色に変更し，好きな花や好きな季節の画像を挿入する。
5．4枚目のスライドには，行ってみたい国の情報を文字や画像で入力する。
6．5枚目のスライドには，自分の長所と短所を入力する。

①スライドの色の変更
〔デザイン〕＜背景の書式設定＞−塗りつぶし　色▼クリック，その他の色をクリックして，色を選択し，OKをクリックしても色が変わらないときは，グラデーションなどその他の効果をクリックし，単色をクリックする。スライドタブのスライドのうち，クリックしている1枚だけの色が変わる。グラデーションや背景グラフィックスを表示しないなども＜背景の書式設定＞で行う。デザインによっては，デザインの画像を消すことができる。
②スライドのデザインの変更
〔デザイン〕リボンのテーマから別のデザインをクリック，全体のデザイン変更。スライド1枚だけの変更は,デザインの上で右クリックし選択したスライドに適用で行う。

③スライドの種類の変更

　変更したいスライドをクリックし，〔ホーム〕＜レイアウト＞種類を選択してクリックすると，クリックしていたスライドの種類が変更になる。〔ホーム〕＜新しいスライド＞▼クリックした場合は，1 枚スライドが追加されることになる。必要のないスライドは，クリックして Delete キーで削除する。

④スライドの順番の入れ替え

　スライドタブのスライドをドラッグする。または，〔表示〕〈スライド一覧〉，表示モードを図 5-2 のようにしてドラッグする。Ctrl キーを押したままドラッグすると，スライドをコピーすることができる。

図 5-2　スライド一覧表示

5.2　文字や画像，スライドの効果

①文字や画像に動きをつける

〔アニメーション〕

　リボンにアニメーションの種類が表示される。効果をつける文字や画像をクリックする。アニメーションの種類をクリックする。必要に応じて開始，強調，終了などを選び，その中の動きを選択する。文字や画像をクリックしないとアニメーションの種類をクリックしても選択できない。文字の効果はプレースホルダの単位で設定される。アニメーションの必要のない効果は Delete キーで削除する。〔アニメーション〕＜アニメーションの順序変更＞で，動きの順番を入れ替えることができる。

②スライドが切り替わるときに動きをつける

　〔画面切り替え〕リボンに画面切り替えの種類が表示される。画面切り替えをするスライドをクリックし種類を選択してクリックする。スライド 1 枚だけではなく，すべてのスライドに同じ画面切り替えをしたいときは，〔画面切り替え〕＜タイミング＞すべてに適用をクリックする。画面切り替えの速度やタイミングなどを設定する。

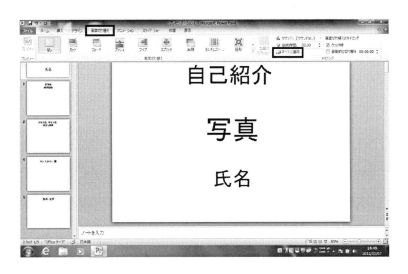

5.3 プレゼンテーションの実行

　実際のプレゼンテーションは，会場の広さなどによって文字の大きさやスライドの枚数，効果のつけ方を工夫する。1枚のスライドには，1項目について箇条書きにする程度で，すべてをスライドに入力し，それを読むということではなく，発表用の原稿は別に用意する。また，スライドの枚数が多すぎたり効果を多用すると，肝心の内容が伝わらない恐れがある。事例としては，童謡や昔話，歯みがき指導などの保健指導，食教育などの健康教育，修学旅行先の説明などさまざま考えられる。

　①プレゼンテーションを行う

　〔スライドショー〕〈最初から〉

　画面切り替えのタイミングをクリック時にしている場合は，クリックしないと次のスライドに切り替わらない。

　②発表原稿の準備

　〔表示〕＜プレゼンテーションの表示＞ノート

　標準表示モードの下の「ノートを入力」に入力してある文字は，印刷対象をノートにして印刷すると，スライドと一緒に印刷される。

　③配布資料の準備

　配布資料は，印刷対象を配布資料にして印刷すると，1枚の紙に複数枚スライドが印刷される。

第6章 ネットワークの活用

　コンピュータの利用形態としては，そのコンピュータがどこにもつながっていない1台だけの状態で利用することもある。この利用形態をスタンドアロンという。しかし，今ではほとんどのコンピュータが**プロバイダ**を介してインターネットにつながっていたり，会社や学校のネットワークにつながっていたりする。この章では，ネットワークの活用の仕方および注意点について説明している。

6.1 ホームページによる情報検索

　ネットワーク上にはさまざまな**ホームページ**がある。ホームページを開くには，ブラウザといわれるアプリケーションソフトが必要である。ブラウザの代表的なものに Internet Explorer がある。ブラウザを起動させると初期設定されているホームページが開く。ホームページに文字を入力するときは，入力ボックスをクリックする。情報検索の仕方として，ホームページのアドレスがわかっているときは，言語バーの入力モードを半角英数にして，http で始まるアドレスを入れ，Enter キーを押す。ホームページを探すときは，検索サービスである Yahoo! JAPAN や goo のホームページを使い，キーワードを入力して検索をクリックする。検索を絞り込むときは，スペースを入れ，次のキーワードを入力

図6-1　検索サービスの入力例

する。入力例を図6-1に示した。また，よく使われる記号とキーを表6-1に示した。ホームページはリンクといわれる設定がしてあり，マウスポインタが指の形になるところから，さらに次のページを表示することができる。

表6-1　電子メールやホームページのアドレスで使う記号とキー

記号 （読み方）	@ （アットマーク）	. （ドット）	- （ハイフン）	: （コロン）	/ （スラッシュ）	~ （チルダ）	_ （アンダーバー）
キー	｀ ＠	＞ ｡ ．る	＝ － ほ	＊ ： け	？ ･ ／ め	Shift + ~ ＾ へ	Shift + ＼ ろ

電子メールアドレス例　abc_de@teikyo-jc.ac.jp
ホームページアドレス例　http://teikyo-jc.ac.jp~h

6.2 電子メールの利用

電子メールは，ネットワークをとおしてやり取りされる手紙のことである。電子メールのやり取りには，電子メールソフトといわれるアプリケーションソフトを使う。代表的なものに Outlook や Windows メールがある。画面構成を図6-2に示した。プレビューウィンドウでメールを読むこともできるが，返信や転送するときは，メールをダブルクリックして開く必要がある。また，受信された**添付ファイル**は，ハードディスクの深くに保存されるため，返送するときは別の場所に保存しなおす。返信や転送をクリックしないと，添付ファイルを指定することはできない。プレビューウィンドウに開いただけでウィルス感染することもあるので，プレビューウィンドウは開かないように設定することもできる。

その手順は，〔表示〕〈レイアウト〉プレビューウィンドウを表示するのチェックマークをクリックして取る。

図6-2　電子メールソフトの画面構成

6.3 ネットワーク利用上の注意

ネットワークを利用するうえで，一番気をつけなければならないことは，「セキュリティ対策」「ネチケット」「著作権問題」である。

「セキュリティ対策」としては，ホームページや電子メールからのウィルス感染を防ぐことである。個人が行う対策として，主に次の3つがあげられる。

・ソフトウェアのセキュリティ機能を利用する。

・コンピュータにウィルス対策ソフトを入れる。

・インターネット上に公開されている修正ファイルをダウンロードする。

また，プロバイダや組織の管理者による対策もある。

「ネチケット」とは，ネットワークを利用するうえでのエチケットのことである。インターネット上にネチケットに関するたくさんの情報があるが，簡単にまとめるとネットワーク上で他人を誹謗中傷しないことなどである。

とくに，電子メールとホームページについて，セキュリティとネチケットとの関連から，次のような対策が必要である。

①電子メールでは，送受信に際しての注意と作成に際しての注意がある。

・他人のメールアドレスを無断で公開したり，受信したメールを無断で転送しない。

> 　多くの人に同じ内容のメールを送るときなどは，宛先を自分にして，送る人たちのアドレスを BCC に入力すると，互いのメールアドレスが公開されることはない。

・信頼できない添付ファイルは開かない。

・**チェーンメール**や大容量メールは送らない。

> 　容量の大きい写真や大量の文書など，大容量になるメールを送るときは，圧縮・解凍ソフトを使い，ファイルサイズを小さくする。圧縮・解凍ソフトはホームページから無料で手に入れることもできる。

・個人情報などの知られてはいけない情報は送らない。

・知らない人からのメールは開かずに削除する。

・メールアドレスをまちがえて入力しない。

・件名は，内容がわかる簡潔なものとする。

・件名，本文ともに半角カタカナや**機種依存文字**は使わない。

> 　半角カタカナや機種依存文字は**文字化け**を起こし，迷惑メールとして，ウィルス対策ソフトなどに削除されてしまう可能性がある。

・本文には，宛名，自分の所属，氏名，用件の順に入力し，最後に署名をつける。

・プライベートな利用の多い携帯メールと違うため，ある程度の節度をもって作成する。

・適当な文字数で改行したり，空白行を入れる。

②ホームページでは，ネットワークを利用するうえでの注意がある。

・信頼できないホームページからはソフトやデータをダウンロードしない。

・信頼できないホームページに個人情報などを**アップロード**しない。

> 　個人情報などを入力する際の信頼できるホームページの目安としては，**URL**のはじまりに https と s があり，**ステータスバー**の右側にこのような 🔒 黄色い鍵のマークがある。このマークをダブルクリックして証明書が開けば，一応信頼できる。また，**プライバシーポリシー**が明記されているかや，**プライバシーマーク**があるかなどである。

「著作権問題」は，ホームページからさまざまな情報が手軽に手に入るようになったことから，気をつけなければならないことである。画像や音楽，ソフトやデータをダウンロードするときには，常に「著作権」を意識しなければならない。

> 　「著作権」とは，文芸，学術，美術，音楽などの著作物が作成された時点で発生する権利である。無料で使用できるソフトや画像，音楽についても著作権は存在するため，気をつけなければならない。
> 　著作権法では，私的使用のためや国など公共機関が作成した法律，条令，データなど一定の条件に合うときに限って，例外的に著作権者などに許諾を得ることなく利用

できると定めている。しかし，私的使用であっても使用許諾契約などでコピーすることが制限されていたりする場合は，それに違反すると法律にふれることになる。

引用に関しては，以下に示す条件のもとで利用することができる。

1．引用する著作物はすでに公表されている
2．全体の質や分量等の割合などで，自分の著作物のほうが多い
3．自分の著作物と引用する著作物がはっきりと区別され，引用されていることが明確にわかる（たとえば，段落やかぎかっこなど）
4．引用することに必然性がある
5．引用文献として，著者名や文献名，URL（閲覧日）などが明記されている
6．改変せずに利用する
7．簡単に内容を紹介するだけであれば参考文献とする

6.4 ホームページ作成

ホームページは閲覧して情報を収集するだけでなく，ホームページを作成して情報を発信することができる。その際の注意は，6.3ネットワーク利用上の注意のとおりである。

ホームページは，HTML（HyperText Markup Language ハイパーテキストマークアップランゲージ）というプログラム言語を使って作成する。文字や画像などにリンクという設定をして，別のページを開いたり，同じページのなかを移動したりできる機能がある。タグという印によって機能を設定する。タグで機能を設定するときは，〈　〉で囲み始まりを表し，〈/〉で終了を表す。たとえば〈TITLE〉帝京短期大学〈/TITLE〉とするとタイトルバーに帝京短期大学と表示される。基本的には，〈HTML〉で始まり，〈HEAD〉でタイトルや最初に指定する必要のあることを入力して〈/HEAD〉で終わり，〈BODY〉で内容を入力して〈/BODY〉で終わり，最後に〈/HTML〉で終わる。このように1つひとつの機能について入力していく必要があるが，ここではプログラム言語を入力してホームページ作成をする方法ではなく，ホームページビルダーというホームページ作成用につくられたアプリケーションソフトによる作成方法について説明する。

①ホームページの構造

ホームページには，1ページだけのものもあるが，通常はフレームページでメニューなどを固定し，メニューの右や下あるいは別ウィンドウとして他のページを開く構造である。したがって，メニューページ，トップページは各々1ページ作成し，フレームページによってこの2つを1つのページとして表示する。

②ホームページ作成時の注意事項

1．文字や画像を挿入すると，ピンクの枠で囲まれる。同じ枠の中に入っているものは，同じ動きつまり中央揃えや右揃えをするとすべてが一緒に動く。別にしたい場合は，枠の外側をクリックし，別の枠の中に入れる。
2．ブラウザのウィンドウの幅に合わせ，表示されるホームページが自動調整されるため，ブラウザのウィンドウの大きさを変えると，ウィンドウの大きさに合わせて文字の配置が自動的に行われる。そのため，作成時と実際に表示したときでは，文字の折り返

しなどが違うことがある。これを防ぐためには，表の中に入れる。

3．ホームページを保存するときのファイル名は，必ず半角小文字でなければならない。これは，ホームページがサーバーといわれるコンピュータにおかれ，インターネットを通じて閲覧する仕組みだからである。また拡張子は，html である。通常フレームページは，メニューページとトップページを表示している構造のため，index というファイル名をつける。この index というページからリンクの設定によって，その他のページを表示する。

4．ホームページは，1枚の紙に文字や画像を配置しているように見えるが，保存されると別々のものとして保存される。したがって，フォルダを使って整理する必要がある。また，フォルダからファイルを移動したりすると，リンク先が変わり表示されなくなるため，リンクの設定をしなおす必要がある。

　③ホームページビルダーの起動

　ホームページビルダーを起動し，編集スタイルを選択する。新規作成をクリックし，白紙から作成するをクリックする。

　④背景画像の挿入

　ページ全体に模様をつけたりするには，〔挿入〕〈画像ファイル〉ファイルから壁紙として，あるいは素材集から壁紙としてをクリックし，ファイルあるいは素材集から選択して開くをクリックする。壁紙としてを選ばないと画像が1つだけ挿入される。

　⑤画像の挿入

　〔挿入〕〈画像ファイル〉ファイルから，あるいは素材集からをクリックし，ファイルあるいは素材集から選択して開くをクリックする。

　⑥色の指定

　ページ全体や文字，表のセルに色をつけるには，各々の場所をクリックあるいはドラッグし，〔表示〕〈カラーパレット〉 から色を選ぶ。カラーパレットの色を設定できる場所の表示を確認し，どこの色が変わることになっているか注意する必要がある。

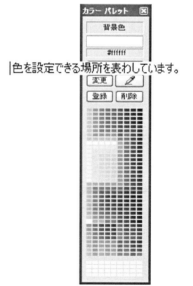

　⑦文字や画像の配置

　カーソルのあるところから文字や画像が挿入される。配置を動かすには，ツールバーの中央揃えや右揃えをクリックする。

　⑧文字の書体やサイズ変更

　文字をドラッグし，ツールバーのフォントの変更をクリックし，開いたウィンドウから色，サイズ，書体，文字装飾を設定する。

　⑨表作成

　〔表〕〈表の挿入〉行数，列数，インターネット上で見たときに表の枠を表示するかしないかを設定し，OK をクリックするとカーソル位置に表が挿入される。かなり小さな表と

して挿入されるが，文字や画像を表の中に挿入すると，その大きさに合わせて表が拡大される。表の中に表を挿入することもできる。

⑩表の配置

1つのセルが選ばれているときは，そのセルがピンクの枠で囲まれる。表全体を中央揃えや右揃えしたいときは，表全体がピンクの枠で囲まれるように，表の外枠を白矢印のマウスポインタでクリックする。ツールバーの中央揃えや右揃えをクリックする。

⑪セルの結合

結合したいセルをドラッグし，〔 表 〕〈 選択セルの結合 〉をクリックする。

⑫セルの幅や高さの設定

セルを右クリックし，メニューの属性の変更をクリックするとウィンドウが開く。セルのセルの幅，セルの高さで設定する。

⑬表の外枠の線の太さの設定

表を右クリックし，メニューの属性の変更をクリックするとウィンドウが開く。表の枠表示で太さを設定する。

⑭画像や表の周りに文字を回り込ませる設定

画像や表を右クリックし，メニューの属性の変更をクリックするとウィンドウが開く。画像や表を選択し，回り込み－左寄せで画像や表を左に，右寄せで右に配置し，反対側に文字を回り込ませる。

⑮リンクの設定

リンク先として，別のファイルや URL，同一ページ内，メールを設定できる。リンクを設定する文字や画像をドラッグあるいはクリックする。〔挿入〕〈リンク〉あるいはツールバーのリンクの挿入 をクリックするとウィンドウが開く。

1．ファイルへと URL へ

ファイル名や URL を入力するか，参照をクリックし選択する。

ターゲットは，フレームページのどこにどのページを表示するかを設定する。

2．ラベルへとラベルをつける

ラベルへでは，ラベルをつけたところへのリンクの設定をする。ラベルをつけるで入力したラベル名をラベルに表示する。他のファイルに設定しているラベルへのリンクを作成するには，他のファイルにファイル名を入力するか，参照をクリックし選択する。

3．メールへ

宛先にメールアドレスを入力する。

⑯画像の説明を表示する設定

画像を右クリックし，メニューの属性の変更をクリックするとウィンドウが開く。代替テキストに説明を入力すると，ブラウザやプレビューで見たときに，画像の上にマウスポインタを合わせると説明文が表示される。

⑰小さな画像をクリックすると大きな画像が別ウィンドウに開く設定

小さな画像を挿入するところをクリックし，〔挿入〕〈画像の効果〉サムネイルをクリッ

クするとウィンドウが開く。画像を選択し，次へで進み，完了をクリックすると小さな画像が挿入される。挿入された画像をクリックし，リンクの設定でターゲットを新しいウィンドウにする。ブラウザやプレビューで見たときに，画像をクリックすると別ウィンドウが開き，大きな画像が表示される。

⑱フレームページの作成

〔挿入〕〈フレーム〉－フレーム設定ページの新規作成－ウィンドウが開く。分割の仕方を選択し，境界線の表示で表示するかしないかを選択し次へ，フレーム名を入力し開くファイルを参照から開く。各々フレームの選択をクリックし設定する。これは簡易的な設定方法のため，詳細は個々に行う。

１．分割の仕方がメニューにない場合

分割の仕方が近いものを選び，1ページだけ設定したら完了し，設定していないほうをクリックし，〔挿入〕〈フレーム〉－フレームの分割－で分割し，右クリックしてメニューのフレーム内にページを開くでファイルを開く。

２．フレームサイズの変更

フレーム上で右クリックし，メニューのフレームの属性をクリックするとウィンドウが開く。サイズで指定する。

３．フレームページの保存

フレームページは2つ以上のページを1つにして保存するため，必ず〔挿入〕〈フレーム〉－フレーム設定ページを保存－で行う。通常の保存をすると，そのときに選択されていたページだけが保存されることになる。

⑲作成した画像の保存

ウェブアートデザイナーなどで作成した画像を保存するとき，すでに保存されている画像のファイル名と同じにすると上書きされるため，ファイル名を変更する。

⑳スタイルシート

複数ページを同じデザインにする場合，デザインを一括管理でき，1ページごとのデータ容量を小さくできるので，表示される速度が速くなる。

写真掲載の注意

　ホームページやブログ，ＳＮＳに写真を掲載するときは，注意が必要である。

　デジタルカメラや携帯電話，スマートフォンで撮影した写真を，インターネット上にアップすると，位置情報などが付いたままになっていた場合，自宅の住所や旅先の居所を公開していると同じになってしまう。公開範囲の指定をしていたとしても，1度インターネット上に公開されてしまった写真を削除することは容易ではない。

　また，一緒に写った友人や背後に写った人々にも，許可を取らないとプライバシーや肖像権を侵害したことになることもある。著作物が写り込んでしまった場合は，著作権の侵害にあたることもある。公開する必要のない写り込みは，写真を加工する。

タッチタイピング練習

　動かす指以外はホームポジションに置き、ホームポジションから指を動かし、ホームポジションに戻す。

左手の練習

小指 AQAQAQAZAZAZAQAQAQAZAZAZAQAQAQAZAZAZA

薬指 SWSWSWSXSXSXSWSWSWSXSXSXSWSWSWSXSXSX

中指 DEDEDEDCDCDCDEDEDEDCDCDCDEDEDEDCDCDCD

人差し指 FRFRFRFVFVFVFTFTFTFGFGFGFBFBFBFRFRFRFVFVFVFTFTFTFGFGFGFBFB
FBFRFRFRFVFVFVFTFTFTFGFGFGFBFBFB

右手の練習

小指 ；P；P；P；／；／；／；P；P；P；／；／；／；P；P；P；／；／；／

薬指 LOLOLOL。L。L。LOLOLOL。L。L。LOLOLOL。L。L。

中指 KIKIKIK、K、K、KIKIKIK、K、K、KIKIKIK、K、K、

人差し指 JUJUJUJMJMJMJYJYJY JHJHJHJNJNJ NJUJUJUJMJMJMJYJYJY JHJHJHJNJ
NJNJUJUJUJMJMJMJYJYJY JHJHJHJNJNJN

単語の練習

あさ　さあ　ささ　さだ　あか　かさ　さか　ファ　あさだ　かさだ　あかさか　かっか
あす　うえ　いす　すで　るす　いけす　いける　いかだ　いせい　いかり　いれい　らくだ　サラダ　アイス
いさかい　あせだく　るいせき　いれかえ　せいせき　できだか　れいさい　アクセル　サファイア　きっかけ
けっか　けっさく　かっき　さっか　ファックス　パリ　ドア　こわい　あおい　きこう　せそう　かいろ　ど
こか　そくい　どうわ　いわい　ポプラ　びりから　さいころ　くうどう　ころあい　おそれる　プロペラ　き
どあいらく　サファリ　カード　サーカス　ワープロ　さっぱり　かっぱ　コップ　ふゆ　はがき　やたい　た
はた　とけい　くらげ　ひふく　よゆう　やぐら　よごれ　ひほう　はりこ　グラフ　ふうけい　ゆうがた　た
いぐう　ぎりぎり　やつがしら　こんきのあるひと　ひゃく　よぎしゃ　はくしゅ　らくしょう　だいきゅう
しょうげき　ふうりゅう　とうぎゅう　ふくぎょう　しょうりゃく　きょうりゅう　きゅうしょく
いぬのなまえ　とてもねむい　ゆめまぼろし　きのぬくもり　ぶぶんへんかん　とんぼをとる　ももをたべる
みばえがよい　ねんげつがたつ　もんだいをとく　ぬりえをぬる　さんぽをする　まくらをかう　ぎんこうにい
く　てざわりがいい　にきびができる　にものをつくる　ぼたんをつける　バランスをとる　むしめがねでみる
ゆのみをてにとる　めんぼうをつかう　おべんとうをたべる　もくてきをみつける　ゆうびんをうけとる　てん
とうむしをさがす　ぽいんとをあつめる　フォントをかえる　ゆうびんきょく　かんぜんちょうあく　さんこう
しょをこうにゅうする　もっともらしい　がっこうでまなぶ　フィットネスクラブ　クリスマスディナー　ティ
ールームでまつ
うみのもくず　かんいさくず　そうじをする　ぞうりをはく　げきぞうした　ゆうずうがきく　どくぜつをはく
ともだちがきた　なぞなぞをだす　もくぞうけんちく　おおぜいのひと　のあざみがさく　ゆうすずみをする
けいざいしんぶん　がいとうえんぜつ　とつぜんのらいほう　きょぜつされる　ざいむしょり　にほんじんがっ
こう　ぜんざいを、たべる。　こどもが、ふざける。　ぞうきんを、あらう。　ろうぜきを、はたらく。　ぜん
たいを、はあく。　かいぞうどを、かえる。　さいぜんを、つくす。　せんざいで、せんたくをする。　ぜっけ
んを、つける。　フロッピーディスク　エンゼルフィッシュ　チャンスを、ねらう。　チョコレートを、たべる。

付　録

ローマ字五十音表

あ	あ A	い I	う U	え E	お O
か	か KA	き KI	く KU	け KE	こ KO
さ	さ SA	し SI / SHI	す SU	せ SE	そ SO
た	た TA	ち TI / CHI	つ TU	て TE	と TO
な	な NA	に NI	ぬ NU	ね NE	の NO
は	は HA	ひ HI	ふ HU / FU	へ HE	ほ HO
ま	ま MA	み MI	む MU	め ME	も MO
や	や YA	い YI	ゆ YU	いぇ YE	よ YO
ら	ら RA	り RI	る RU	れ RE	ろ RO
わ	わ WA	うぃ WI	う WU	うぇ WE	を WO
ん	ん N NN	"ん"の後ろが母音、な行、にゃ行のときや最後が"ん"のときはNN			
が	が GA	ぎ GI	ぐ GU	げ GE	ご GO
ざ	ざ ZA	じ ZI / JI	ず ZU	ぜ ZE	ぞ ZO
だ	だ DA	ぢ DI	づ DU	で DE	ど DO
ば	ば BA	び BI	ぶ BU	べ BE	ぼ BO
ぱ	ぱ PA	ぴ PI	ぷ PU	ぺ PE	ぽ PO

きゃ	きゃ KYA	きぃ KYI	きゅ KYU	きぇ KYE	きょ KYO
しゃ	しゃ SYA / SHA	しぃ SYI	しゅ SYU / SHU	しぇ SYE / SHE	しょ SYO / SHO
ちゃ	ちゃ TYA / CYA / CHA	ちぃ TYI / CYI	ちゅ TYU / CYU / CHU	ちぇ TYE / CYE / CHE	ちょ TYO / CYO / CHO
てゃ	てゃ THA	てぃ THI	てゅ THU	てぇ THE	てょ THO
にゃ	にゃ NYA	にぃ NYI	にゅ NYU	にぇ NYE	にょ NYO
ひゃ	ひゃ HYA	ひぃ HYI	ひゅ HYU	ひぇ HYE	ひょ HYO
ふぁ	ふぁ FA	ふぃ FI	ふぅ FULU	ふぇ FE	ふぉ FO
ふゃ	ふゃ FYA	ふぃ FYI	ふゅ FYU	ふぇ FYE	ふょ FYO
みゃ	みゃ MYA	みぃ MYI	みゅ MYU	みぇ MYE	みょ MYO
りゃ	りゃ RYA	りぃ RYI	りゅ RYU	りぇ RYE	りょ RYO
ぎゃ	ぎゃ GYA	ぎぃ GYI	ぎゅ GYU	ぎぇ GYE	ぎょ GYO
じゃ	じゃ JYA / ZYA / JA	じぃ JYI / ZYI	じゅ JYU / ZYU / JU	じぇ JYE / ZYE / JE	じょ JYO / ZYO / JO
ぢゃ	ぢゃ DYA	ぢぃ DYI	ぢゅ DYU	ぢぇ DYE	ぢょ DYO
でゃ	でゃ DHA	でぃ DHI	でゅ DHU	でぇ DHE	でょ DHO
びゃ	びゃ BYA	びぃ BYI	びゅ BYU	びぇ BYE	びょ BYO
ぴゃ	ぴゃ PYA	ぴぃ PYI	ぴゅ PYU	ぴぇ PYE	ぴょ PYO
ヴぁ	ヴぁ VA	ヴぃ VI	ヴ VU	ヴぇ VE	ヴぉ VO

（小さい文字）

あ	あ LA	い LI	う LU	え LE	お LO
や	や LYA	い LYI	ゆ LYU	え LYE	よ LYO
促音	っ 子音を重ねる LTU	SAKKA	BATTO	KIPPU	PITTYA-

※文字を伸ばす長音 "ー" と記号のマイナスやハイホン "－" は区別して使う。

※小さい文字は単独で出すときに使う。拗音は子音と母音の間に "Y" などを入れたり，促音は子音を重ねて出すほうが，キータッチが少なくてすむ。

94

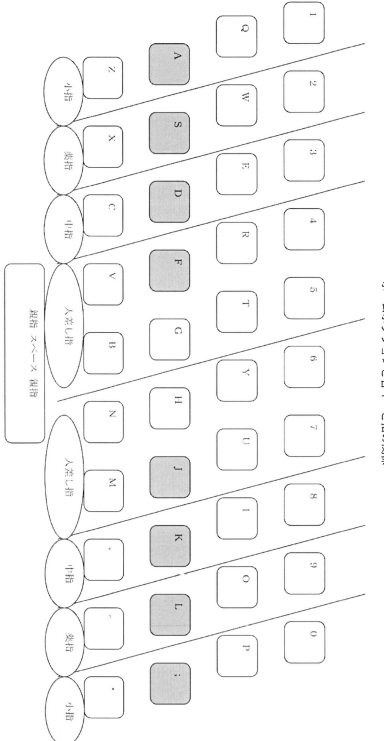

ホームポジションと各キーと指の関係

5	10	15	20	25	30	35	40

□青い色の上に赤い色を重ね混ぜると紫色になることは、絵の具を使うようになるとわか　　40
る。そのほか絵を描くとき赤と黄色でオレンジ、黄色と青で緑など光の三原色である赤、　　80
青、黄色があればたいていの色は表現できる。油絵は塗り重ねてゆけばさまざまな表現が　　120
できる。構図の取り方など難しい基本はあるが、部屋は北向きのほうが光の入り方が一定　　160
で、絵を描くには適している。この外界にあふれる色を表現するため外に出て絵を描こう　　200
と思う。↵　　205

□動物園に行って絵を描こう。うさぎ、ゴリラ、ぞう、ダチョウ、背が高いのはやっぱり　　245
きりん、ぴよぴよひよこ、ぶよぶよぶた、散りゆくもみじを見て、過ぎし日を思い、ぺら　　285
ぺらおしゃべり、べらべらおしゃべり、どっちでもいい。ぼろぼろ泣くのもいい。帽子が　　325
とんだら拾いに行こう。づるづる絵を描いていても仕方ない。鼻血が出そうだ。↵　　362

□朝だ朝だよ、朝日が富士山のすそ野まできれいに広がって見える。きっと今日も一日晴　　402
れるだろう。私の気分は最高だ。そろそろ散歩に出かけよう。クァクァクァと、アヒルが　　442
寄ってきた。残念ながら、えさを持っていない。チャイナドレスの女性とすれ違った。今　　482
日はいいことがありそうだ。湖にボートを浮かべてのんびり読書をするのもいいし、木陰　　522
で昼寝をするのもいい。一日好きなことをして過ごせるのは、なんてぜいたくな時間の過　　562
ごし方だろう。こんな日がやってくるとは思っても見なかった。満ちたりた時間というの　　602
は、こんな時間のことを言うのだろう。そろそろお腹も空いてきた。どこかでお昼にしよ　　642
う。何を食べようか。何でもいいような気もするし、何か食べたいような気もする。どち　　682
らにしても、もう少し歩こう。歩いているうちに、いい店が見つかるかもしれない。ぶら　　722
ぶら歩くのもいいものだ。おいしそうな看板やすてきな店構えで選ぼう。どこがいいかな。　　763
そば屋、すし屋、天ぷら屋、フランス料理にイタリアン、結局コンビニ弁当になりそうだ。　　804

□青い色の上に赤い色を重ね混ぜると紫色になることは、絵の具を使うようになるとわかる。そのほか絵を描くとき赤と黄色でオレンジ、黄色と青で緑など光の三原色である赤、青、黄色があればたいていの色は表現できる。油絵は塗り重ねてゆけばさまざまな表現ができる。構図の取り方など難しい基本はあるが、部屋は北向きのほうが光の入り方が一定で、絵を描くには適している。この外界にあふれる色を表現するため外に出て絵を描こうと思う。↲

□動物園に行って絵を描こう。うさぎ、ゴリラ、ぞう、ダチョウ、背が高いのはやっぱりきりん、ぴよぴよひよこ、ぷよぷよぶた、散りゆくもみじを見て、過ぎし日を思い、ぺらぺらおしゃべり、べらべらおしゃべり、どっちでもいい。ぼろぼろ泣くのもいい。帽子がとんだら拾いに行こう。づるづる絵を描いていても仕方ない。鼻血が出そうだ。↲

□朝だ朝だよ、朝日が富士山のすそ野まできれいに広がって見える。きっと今日も一日晴れるだろう。私の気分は最高だ。そろそろ散歩に出かけよう。クァクァクァと、アヒルが寄ってきた。残念ながら、えさを持っていない。チャイナドレスの女性とすれ違った。今日はいいことがありそうだ。湖にボートを浮かべてのんびり読書をするのもいいし、木陰で昼寝をするのもいい。一日好きなことをして過ごせるのは、なんてぜいたくな時間の過ごし方だろう。こんな日がやってくるとは思っても見なかった。満ちたりた時間というのは、こんな時間のことを言うのだろう。そろそろお腹も空いてきた。どこかでお昼にしよう。何を食べようか。何でもいいような気もするし、何か食べたいような気もする。どちらにしても、もう少し歩こう。歩いているうちに、いい店が見つかるかもしれない。ぶらぶら歩くのもいいものだ。おいしそうな看板やすてきな店構えで選ぼう。どこがいいかな。そば屋、すし屋、天ぷら屋、フランス料理にイタリアン、結局コンビニ弁当になりそうだ。

関数一覧

関数名	分類	使い方
合計 SUM	数学/三角	=SUM（範囲）　範囲で指定したデータの合計を求める。 使用例　=SUM(A1:A10)　セル A1 から A10 に入力されているデータの合計を求める。
平均 AVERAGE	統計	=AVERAGE（範囲）　範囲で指定したデータの平均を求める。 使用例　= AVERAGE(A1:A10)　セル A1 から A10 に入力されているデータの平均を求める。
最大値 MAX	統計	=MAX（範囲）　範囲で指定したデータの最大値を求める。 使用例　=MAX(A1:A10)　セル A1 から A10 に入力されているデータの最大値を求める。
最小値 MIN	統計	=MIN（範囲）　範囲で指定したデータの最小値を求める。 使用例　=MIN(A1:A10)　セル A1 から A10 に入力されているデータの最小値を求める。
数値の数 COUNT	統計	=COUNT（範囲）　範囲内の数値が入力されているセルの個数を求める。 使用例　=COUNT(A1:A10)　セル A1 から A10 までの範囲で数値が入力されているセルの個数を求める。
空白でない セルの数 COUNTA	統計	=COUNTA（範囲）　範囲内の空白でないセルの個数を求める。 使用例　=COUNTA(A1:A10)　セル A1 から A10 までの範囲で空白でないセルの個数を求める。
順位 RANK	統計	=RANK（数値,範囲,順序）　範囲内の順位を求める。 使用例　=RANK(A1,$A$1:$A$10,1)　セル A1 のデータはセル A1 から A10 までの範囲で昇順に並べた時に何番目にあたるかを求める。 順序　0か省略　降順(大きい順)　0以外の数値　昇順(小さい順)
条件 IF	論理	=IF(論理式,真の場合,偽の場合)　論理式を満たす場合(真の場合)と満たさない場合(偽の場合)によって指定された値を返す。

より大きい	より小さい	以上	以下	等しい	等しくない
＞	＜	＞＝	＜＝	＝	＜＞

条件 IF	論理	使用例　=IF(A1>=60,"合格"," ")　セル A1 のデータが60以上なら合格，60未満なら空白を表示する。 *文字列は"で囲み，空白は" "と入力する。 *" は Shift を押しながら文字キーの上の数字2を押す。
日付 TODAY	日付/時刻	=TODAY()　現在の日付を表示　表示形式で日付の表示の仕方を変更できる。

98

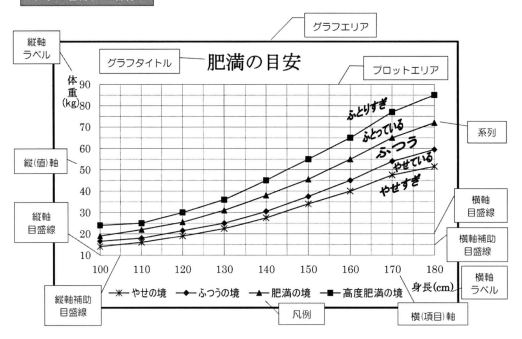

グラフ各部位の名称

・グラフエリア

　グラフ全体のことで，グラフを選択すると，グラフエリアを示す枠が表示される。

・プロットエリア

　グラフがプロットされる範囲。

・グラフタイトル

　グラフタイトルは，指定のセルに入力すれば表示されるグラフと表示されないグラフがある。

・縦（値）軸

　値や項目名を表示する縦方向の軸。

・横（項目）軸

　値や項目名を表示する横方向の軸。

・軸ラベル

　縦（値）軸や横（項目）軸のラベルを表示する位置は変更できる。

・凡例（はんれい）

　各グラフに割り当てられた色やマーカーがどの系列を表すのかを表示するもので，位置を変更できる。

入力問題到達度チェック表

総字数
　答案に印刷された最後の文字に対応する原稿の字数とする。したがって脱字（脱行）は
総字数に含め、余字分（余行分）は総字数に算出しない。

純字数
　総字数から誤り数を差し引く。
　　総字数―誤り数＝純字数

回　　数	第1回	第2回	第3回	第4回	第5回	第6回	第7回
月　　日	/	/	/	/	/	/	/
総字数							
誤り数							
純字数							

回　　数	第8回	第9回	第10回	第11回	第12回	第13回	第14回
月　　日	/	/	/	/	/	/	/
総字数							
誤り数							
純字数							

回　　数	第15回	第16回	第17回	第18回	第19回	第20回	第21回
月　　日	/	/	/	/	/	/	/
総字数							
誤り数							
純字数							

〔参考〕日本語ワードプロセッサ検定試験（文部科学省後援）日本情報処理検定協会主催（制限時間10分）

級	漢字含有率	1ミスに対して	合格基準
1級	25～35％	5字減	700字以上
準1級	25～35％	5字減	600字以上
2級	25～30％	3字減	500字以上
準2級	25～30％	3字減	400字以上
3級	23～26％	1字減	300字以上
4級	23～26％	1字減	200字以上

曜日時限　　　　クラス　　　　学籍番号　　　　　氏名　　　　　　　座席番号

入力問題到達度チェック表

総字数
　答案に印刷された最後の文字に対応する原稿の字数とする。したがって脱字（脱行）は
総字数に含め、余字分（余行分）は総字数に算出しない。

純字数
　総字数から誤り数を差し引く。
　　総字数―誤り数＝純字数

回　数	第1回	第2回	第3回	第4回	第5回	第6回	第7回
月　　日	／	／	／	／	／	／	／
総字数							
誤り数							
純字数							

回　数	第8回	第9回	第10回	第11回	第12回	第13回	第14回
月　　日	／	／	／	／	／	／	／
総字数							
誤り数							
純字数							

回　数	第15回	第16回	第17回	第18回	第19回	第20回	第21回
月　　日	／	／	／	／	／	／	／
総字数							
誤り数							
純字数							

［参考］日本語ワードプロセッサ検定試験（文部科学省後援）日本情報処理検定協会主催（制限時間10分）

級	漢字含有率	1ミスに対して	合格基準
1級	25～35％	5字減	700字以上
準1級	25～35％	5字減	600字以上
2級	25～30％	3字減	500字以上
準2級	25～30％	3字減	400字以上
3級	23～26％	1字減	300字以上
4級	23～26％	1字減	200字以上

曜日時限　　　　　クラス　　　　学籍番号　　　　　氏名　　　　　　座席番号

索引および用語解説・機能一覧

ア	アイコン	絵表示	2
	アクセス表示ランプ	駆動装置につけられた動いていることを示すランプ	2
	アップロード	個々のコンピュータからネットワーク上にあるコンピュータにプログラムやデータを送ること	87
	アプリケーションソフト	さまざまな仕事を効率よくできるようにつくられたソフトウェア	1
	印刷プレビュー	印刷前の確認	7
	インストール	ソフトウェアなどをハードディスクに入れること	1
	インターネット	全世界とつながっているネットワークの集まり	3, 85
	インデント	入力位置や入力範囲を指定する	5
	ウィンドウ	画面上に開く四角の表示領域	2
	上書き	文字やファイルを上書きする	4, 6
	Excel	主に表計算用につくられたソフトウェア（Microsoft 社の製品名）	3, 49
	Office	Microsoft 社の製品名	はじめに, 3
カ	カーソル	入力位置等を示す点滅する縦棒	5
	拡張子	ファイルを識別するアルファベット	3
	機種依存文字	そのコンピュータでしか表示できないような文字	87
	起動	コンピュータやアプリケーションソフトを使える状態にすること	2
	クリック	マウスの左ボタンを1回押すこと	2
	件名	本文の内容を要約した短い語句	12, 87
サ	周辺機器	入力装置，出力装置，補助記憶装置など	1
	出力	コンピュータから処理した結果を出すこと	1
	ショートカットアイコン	ソフトを直接開くための絵表示	4
	ステータスバー	開いたソフトなどの一番下にある現在の状態を表示する横に細長い棒状のもの	87
	挿入	文字と文字の間に文字を入れる	5, 6
ダ	ダウンロード	ネットワーク上にあるコンピュータから個々のコンピュータにプログラムやデータを入れること	3, 87
	タスクバー	スタートボタンの並びの棒状のもの	2
	ダブルクリック	マウスの左ボタンを2回続けて押すこと	2
	チェーンメール	転送を繰り返されるメールのこと	87
	テキストボックス	図形の種類の1つ	8, 19
	テンキー	電卓のように数字が並んでいるキーの集まり	5
	電子メール	文字，音声，画像などをネットワークを通してやり取りする手紙	86
	添付ファイル	電子メールと一緒に送受信するファイルのこと	86
	ドライバー	コンピュータ本体に接続した周辺機器を正常に動かすためのプログラム	1
	ドライブ	駆動装置のこと	3
	ドラッグ	マウスの左ボタンを押したまま動かすこと	2
ナ	入力	コンピュータに命令を与えること	1

ハ	バー	棒状のもの	2
	バージョン	版	3
	パスワード	個々の利用者を識別特定するための暗証番号	1
	半角	文字の大きさのことで，通常の文字を全角といいその横幅が半分のこと	4, 5, 87
	ファイル	情報の集まり	2, 3
	フォルダ	ファイルを入れておく入れ物	2, 4
	フォント	文字の形，書体　ex.明朝体，ゴシック体	はじめに
	プライバシーポリシー	組織における個人情報の取り扱いに関する規程など	87
	プライバシーマーク	日本情報処理開発協会が審査認定する標章	87
	プロバイダ	インターネット接続業者	85
	ホイール	マウスの左右のボタンの間にある回転する突起	2, 3
	ポート	接続端子	1
	ホームページ	ネットワーク上で閲覧可能な文字，音声，静止画，映像情報	85
	PowerPoint	主にプレゼンテーションおよび資料作成用につくられたソフトウェア（Microsoft 社の製品名）	3, 81
マ	マウスポインタ	マウスを動かす先に出てくる記号　ex.白い矢印	2
	マザーボード	中央処理装置や主記憶装置などを装着した基板，部品の1つ	1
	右クリック	マウスの右ボタンを押すこと	2
	メールアドレス	メールをやり取りするときに使う文字列（郵便でいう住所のようなもの）	85, 87
	文字化け	文字がなんらかの理由で変化してしまうこと	87
	モード	状態	6
ヤ	URL	ホームページのアドレス	87
	USB	周辺機器を接続するための規格の1つ	1
ラ	RAM（random access memory）	書き換えできる	1
	ROM（read only memory）	読み取り専用	1
	R（recordable）	1度書き込めるが消去できない	1
	RW（rewritable）	書き換えできる	1
ワ	Word	主に文書作成用につくられたソフトウェア（Microsoft 社の製品名）	3, 11

機能索引		内　容	機能など	頁
ワード	文字	改行する	Enter	14, 15
		文字の配置を変更	右揃え，中央揃え	15
		任意の位置で行頭を揃える	インデントマーカードラッグ	15
		文字数の違う文字列の最初の文字と最後の文字を縦に見たときに揃うようにする	均等割付	17
		文字の形の変更	フォント	23
		文字の横幅の拡大縮小	文字の拡大／縮小	39
		文字全体の大きさの変更	フォントサイズ	27, 45
		文字色の変更	フォントの色	37
		文字に飾りをつける	文字の網かけ, 囲み線, 中抜き, 影	17, 21, 31, 45
		文字にアンダーラインを引く	下線	17, 19, 23
		ふりがなをつける	ルビ	23
		先頭の文字だけ拡大する	ドロップキャップ	41
		図形として変化のある文字を入れる	ワードアート	29, 39
	表	表作成	表の挿入	17
		セルに色をつける	網かけの色・塗りつぶし	17
		セルを結合する	セルの結合	19
		セル内の上下の中央に文字を配置する	垂直方向の配置	19
		セル内の文字を縦書きにする	縦書きと横書き・文字列の方向	21
		線の種類の変更	線の種類・ペンのスタイル	19
		線の色をなくす	罫線なし	31
		線の太さの変更	線の太さ・ペンの太さ	23
	図形	図形の挿入	図形をクリック後ドラッグ	19
		切り取り線を引く	直線を点線にし，テキストボックスで文字	17
		楕円を円にする	Shift	19
		図形内に文字を入力する	テキストの追加	19
		図形内の文字を縦書きにする	縦書きと横書き・文字列の方向	21
		図形内の行間を詰める	インデントと行間隔	39
		図形の線の種類の変更	線の種類・枠線	19
		図形の線の色の変更	書式設定-色選択 or 線なし	29
		図形に影をつける	影付きスタイル・影効果	37
		図形に色をつける	塗りつぶし	19, 21
		図形に色をつけない	塗りつぶしなし	21, 41
		図形の色をグラデーションにする	書式設定-塗りつぶし効果	29
		図形を画像で塗りつぶす	書式設定-塗りつぶし効果-図	41
		図形の周りの文字の配置	書式設定-レイアウト	23, 31, 41
		図形の表示順を変更	順序	19
		矢印を引く	矢印ドラッグ	33
		曲線を引く	円弧	21
		図形の向きの変更	回転／反転	21
		複数の図形を1つの図形にする	グループ化	43
	画像	イラストや写真を挿入する	クリップアート	23
エクセル	入力	効率的なデータ入力	範囲指定, Enter, Tab	56
		連続したデータの入力や同じ文字列のコピー	オートフィル	51
		同じ日付を2つずつ入力する	オートフィルオプション	63
		行に入っていたデータを列に入れる, 列に入っていたデータを行に入れる	行列を入れ替える	67, 68

104

機能索引		内　容	機能など	頁
エクセル	表	連続しないセルのコピー，貼り付け	Ctrl	67
		数字に3桁カンマをつける	桁区切りスタイル	56
		ふりがなをつける	ふりがなの表示／非表示	53
		ワークシートに罫線を引く	罫線	51
		セルに色をつける	塗りつぶしの色	53
		複数のセルを1つにして入力した文字を中央に揃える	セルを結合して中央揃え	51
	ワークシート	2つのデータを比較する表を作成する	ピボットテーブル	74
		ワークシート間のコピー	コピー，貼り付け	63
		ワークシートを追加する	ワークシートの挿入	63
		ワークシートのコピー	Ctrl＋ドラッグ	77
		シート見出しに名前を付ける	シート見出しダブルクリック	63
	データベース	行の並べ替え	〔データ〕並べ替え	61
		列の並べ替え	〔データ〕並べ替え－オプション	62
		条件によるデータの選び出し	〔データ〕フィルタ	65
	計算	集計をする，やり直す	〔データ〕小計	61
		結果を表示するセルと計算式のセルの名前の行番号や列表示を調整する	相対参照	56
		セルを固定する	複合参照，絶対参照	59, 68, 73, 79
		同じ計算結果を別のセルにも表示する	セル参照	77
	関数	合計を出す	SUM	56
		平均値，最大値，最小値を出す	AVERAGE, MAX, MIN	58, 62
		計算結果の0を消す	IF	57
		アンケートのデータを数える	COUNTIF	73
		身長別標準体重，肥満度，判定	計算式，IF	75, 76
		小数点以下を切り捨てる	ROUNDDOWN	75, 76
	グラフ	円グラフ，ワークシート上に作成する	オブジェクト	67
		棒グラフ，別のグラフシートに作成する	新しいシート	69
		線グラフ，グラフ上不要なデータの削除	凡例項目（系列）	70
		離れた行あるいは列の連続データをグラフにする	Ctrl	71
		項目軸を0から始めない	軸位置 目盛	72
		数値軸の目盛間隔の調整	主縦軸オプション	72
		目盛線を点線にする	図形の枠線	72
		グラフの枠や地色を消す	グラフエリア書式設定	72
		グラフ上に文字を入力する	ワードアート，テキストボックス	73
	便利な機能	行や列の見出しを固定する	ウィンドウ枠の固定	65
		印刷前の確認，紙1枚に収める	印刷プレビュー，改ページプレビュー	65
パワーポイント		スライドにデザインを挿入する，変更する	デザイン	81, 82
		スライドを追加する	新しいスライド or Enter	81
		スライドに文字を入力する	プレースホルダー，テキストボックス	81
		スライドの色の変更	背景のスタイル	82
		スライドの種類の変更	レイアウト	83
		スライドの順番の入れ替え	ドラッグ	83
		スライドに動きをつける	画面切り替え	83
		文字や画像に動きをつける	アニメーション	83
		プレゼンテーションを行う	スライドショー	84

おわりに

　コンピュータの世界はめまぐるしく変わるので，使い方のテキストを学生さんたちに買ってもらうのは申し訳ないと思い，これまでは市販のテキストを使ったり，足りないところをプリントで補ったり，口頭説明をメモしてもらったりしましたが，多くの学生さんからテキストがほしいと長年要望がありました。

　今回このテキストを執筆するにあたり，本当に大切なことは何か，本当にわからなければならないことは何か，知っておかなければいけないことは何か，改めて問い直し，見つめ直すよい機会となりました。

　コンピュータを使いこなすということは，単に文字が早く打てるとか，見た目の効果が優れているということではありません。改めて，この文字は適切か，この画像の配置は最も効果的かなど，相手に伝えるためにコンピュータでは考えられないことを人間が考えることです。コンピュータは人間の指示に従うだけのただの道具ですから，人間が正しく使えば正しい結果を表示し，間違えれば間違った結果を出力します。気を利かせて「ここが間違っていますよ」と教えてくれる機能はありません。

　コンピュータを使いこなすということは，コンピュータにしかできない高速のデータ処理や膨大なデータ検索などをコンピュータに任せて，人間はコンピュータにどんな結果を出してもらいたいのか，コンピュータで処理すると最も効果的なことは何かをじっくり考えることです。人間の思考を妨げないという意味では，タッチタイピングによる文字入力は速いに越したことはありません。このテキストで学ぶことによって，コンピュータは便利で役に立つ道具だということを少しでも実感することができ，これからも積極的にコンピュータを使おうと思っていただけたら幸いです。

　マイクロソフトのクリップアートの提供が終わり，改訂を余儀なくされましたが，教員免許取得を考えている学生さんにも，使っていただくにあたり，成績処理の事例を追加しました。児童・生徒にコンピュータを使わせる教材を作成するにあたり，紙と鉛筆よりコンピュータを使えば，教育効果が上がるところはどこかよく吟味し，それを実現させられる最も効果的なソフトは何かを考え，教材化していくことが必要と考えます。コンピュータを事務処理に使うだけでなく，そのような考えをもった教員が一人でも増えることが，教育の情報化につながっていくものと考えています。

　令和2年3月

　　　　　　　　　　　　　　　　　　　　　　　　　　　　菊地　紀子

[著者略歴]

菊地 紀子
東京学芸大学大学院教育学研究科修士課程総合教育開発専攻情報教育コース修了
現在，帝京短期大学生活科学科専任講師　修士（教育学）
日本情報処理検定協会パソコン総合指導者
所属学会
日本情報科教育学会，日本教育メディア学会，日本教材学会，日本教師教育学会
主な著書・論文
『「教材学」現状と展望　上巻』協同出版　分担執筆
「ビジネス文書構成要素の提示の違いによるビジネス文書構造理解度」『教材学研究』第18巻
　　共著
「ワープロ検定対応教材とワープロ検定受験による情報処理技能習得の関係」『教材学研究』
　　第19巻　共著
「教材の工夫によるビジネス文書構成理解」『教材学研究』第31巻　単著
ほか

事例で学ぶコンピュータリテラシー〔新訂版〕

2009年6月25日	第1版第1刷発行
2011年3月30日	第1版第3刷発行
2014年4月5日	第2版第2刷発行
2016年4月5日	改訂版第1刷発行
2020年4月5日	新訂版第1刷発行

著　者　菊　地　紀　子

発行者　田　中　千津子
発行所　㈱　学　文　社

〒153-0064　東京都目黒区下目黒3-6-1
電話　03（3715）1501 ㈹
FAX　03（3715）2012
http://www.gakubunsha.com

© KIKUCHI Noriko 2009

印刷・製本　デジタルパブリッシングサービス

ISBN978-4-7620-2978-3